공주는 왜

페미니스트가 되었을까?

일러두기

- 저자가 의도적으로 '남녀' 대신 '여남'이라는 표현을 썼으므로 이를 대부분 살렸습니다.
- 원서의 주는 책 말미에 주석으로 실었고, 옮긴이의 주는 각주로 정리했습니다.
- 원문은 스페인어로 쓰였으나 개념의 이해를 돕기 위한 경우에는 주로 영어를 병기했습니다.
- 저자가 이탤릭체로 강조한 부분은 작은따옴표를 붙였습니다.
- 다른 나라의 인명이나 지명, 외래어 등은 대체로 외래어 표기법을 따랐습니다.
- 책과 장편 소설, 신문, 잡지 등은 「」로, 단편 소설과 시, 논문, 칼럼, 기사 등은 「」로, 영화와 드라마, 그림, 노래, 시 등은 〈 〉로 통일해 표기했습니다.

더 자유롭고 행복한 페미니즘을 위하여

공주는 왜 페미니스트가 되었을까?

이리아 마라뇬 지음

김유경 옮김

북멘토

차례

1장 고마워, 페미니즘

당신이 페미니스트냐고 묻는다면 8

페미니즘의 길을 연 여성들 18 • 왜 페미니스트라 불리는 게 꺼려질까? 22 • 남성
우월주의와 성차별주의, 여성혐오 24 • 남성우월주의를 따르는 여성들 26 • 온전
한 페미니스트 사회를 위하여 28
페미니스트 수업 1 당신은 페미니스트 혹은 페미니즘 지지자인가? 30

반항하는 공주들과 알고 보니 개구리인 왕자들 32

사회적 불평등을 유발하는 젠더 고정관념 34 • 차별을 만드는 장난감 39 • 여아답
게, 남아답게 키우는 매체들 41 • 과학자는 당연히 남자? 44 • 남자아이가 여자아
이보다 더 똑똑하다고? 46 • 투명 인간이 되어 버린 여성들 48 • 남자들은 왜 여자
들보다 더 많은 공간을 차지할까? 53 • 세계의 여성들이 겪는 불평등 58 • 여성이
겪는 불평등과 차별들 61 • 여성과 남성의 고용 가능성과 임금 격차 63 • 애덤 스
미스의 식사는 누가 차렸나 65 • 여성의 빈곤화 66 • 성폭행의 피해자 66 • 산부인
과 의료폭력 67 • 남성우월주의 폭력 70 • 진정한 선택의 자유를 위하여 71
페미니스트 수업 2 젠더 고정관념에 관한 여성 능력 테스트 77

2장 더 자유롭고 평등한 페미니즘을 위하여

금성에서 오지 않은 여아들, 화성에서 오지 않은 남아들 82

여성과 남성, 두 성별만 있는 건 아니다 84 • 여성성과 남성성의 변화 87 • 평등한
공동 교육을 위하여 89 • 다양성 가르치기 107 • 아이들은 부모의 말보다 부모의
행동을 따른다 114 • 자녀들과 협상하는 기술 125 • 갈등을 해결하는 기술 126
페미니스트 수업 3 우리 딸들이 자유로우면서도 우쭐대지 않게, 우리 아들들이 자유롭
고 존중받을 수 있게 128

조용하다고 더 예쁜 건 아니다 129

여성 폭력에 맞서는 가장 강력한 무기 131 • 굴복하지 말고, 굽실거리지 말고, 복
종하지도 마라 133 • 나에게 맞는 정체성 찾기 135 • 여자아이들에게 무엇이 필요
할까? 143 • 어머니가 되는 일 158

페미니스트 수업 4 유리 천장을 부순 여성들의 사례 살펴보기 163

남자는 울어도 되지만 싸움은 안 된다 164

남성우월주의 폭력은 어떻게 드러나는가 171 • 세상을 바라보는 시야 넓혀 주기
180 • 페미니즘에 선 긋는 신남성우월주의 190

페미니스트 수업 5 남성이 평생 듣는 49가지 말 192

3장 소녀는 왜 페미니스트가 되는 걸까?

물론 너의 몸은 소중해! 하지만 사람들이 말한 대로는 아니야 194

낭만적 사랑에 대한 오해 197 • 소녀와 소년이 바라보는 섹슈얼리티는 다르다
207 • 소녀들에 대한 괴롭힘과 폭력 229

페미니스트 수업 6 여성만 갖게 되는 성적 수치심 235

페미니즘적인 관계를 위한 10가지 조언 236

마무리하며 238

주석 241

1장

고마워,
페미니즘

우리는 어떤 은행에서든 계좌를 열 수 있고,

혼자 여행하고 공부하고 일하고 자산을 운용하고 원하는 대로 살 수 있다.

오늘날 여성들이 당연하다고 생각하며 즐기는 이런 자유는

과거에 동시대 사람들에게 절대 이해받지 못했던 페미니스트들 덕분이다.

당신이 페미니스트냐고
묻는다면
페미니즘이란 무엇인가?

나는 페미니즘이 정확히 뭔지 모른다.

다만, 내가 현관 발판과 다르다는 감정을 표현할 때마다

나를 페미니스트라고 부른다는 것은 안다.

리베카 웨스트^{Rebecca West}

이 책을 손에 든 독자라면 이미 페미니즘에 대해서 알거나 좀 더 알고 싶어 하는 사람일 것이다. 열성적인 페미니스트와 옹호자일 수도 있고, 아니면 그런 사람들이 후대에 정의와 평등의 유산을 남길 수 있다고 믿는 사람일 수도 있다. 어떤 경우든 명심해야 할 것이 있다. 한번 보라색 안경°을 쓰면, 앞으로도 계속 페미니스트라는 안경을 통해 세상을 보게 되리라는 것이다. 특히 자녀를 교육할 때가 되면 이 안경이 얼마나 필요한지 통감할 것이다.

○   스페인의 작가이자 여성 인권 활동가인 헤마 리에나스Gemma Lienas가 언급한 용어로, 여성에 대한 부당한 상황, 불이익, 경멸 등을 깨닫고 세상을 새롭게 바라보는 방식을 말한다.

우리 어머니는 페미니즘이 뭔지도 몰랐지만 나를 페미니즘으로 교육하셨다. 나는 20세기 말 마드리드의 한 부유한 집안에서 자랐다. 최초의 여성 참정권 운동가들이 나타난 세상이었지만, 내 주변 환경은 달라지지 않았다. 아버지는 사업가였고 어머니는 전업주부였다. 사람들은 어머니가 집안일을 하며 네 명의 자녀를 키운다고 생각했겠지만, 사실은 가사 도우미들이 따로 있었다. 덕분에 어머니는 온전히 우리의 교육과 행복에만 신경 쓰셨다. 어머니는 아주 뛰어난 여성으로 사랑스럽고 정직하며 지적이셨다. 무엇보다도 보수적인 환경에서 자라고 교육을 받으셨음에도 아주 열린 사고방식을 지니고 계셨다. 자신이 가부장제의 피해자임을 알고 계셨던 어머니는 틈만 나면 나에게 "자유로운 사람이 되려면 절대 남자에게 의존해서는 안 되고 경제적으로 독립해야 한다."라고 강조하셨다. 이것이 바로 나와 페미니즘의 첫 만남이었다.

어머니는 내게 운전면허를 따서 스스로 운전하고 원하는 만큼 공부도 하며 직업적 성공을 위해 노력하라고 독려하셨다. 절대 집안일에만 매달리지 말라고도 강조하셨다. 이후에는 남성이 주도하는 예술 분야에서 여성의 지위를 높이기 위한 여성 단체를 설립하셨다. "과거 예술계에는 여성 화가나 여성 조각가가 매우 드물었다는 걸 알고 있니? 많은 여성이 자기 작품들을 빼앗기고 무시당했지." 이런 어머니의 말과 태도, 행동은 나에게 페미니스트의 권리 회복을 위한 길을 열어 주었다.

직접 경험해 보면 알겠지만, 어떤 사회에서든 페미니스트(남성이라면 페미니즘 옹호자)라고 하면 대부분 비난의 화살을 견뎌야 한다. 또 그 일에 자부심을 가지면 '급진적'이라는 말을 듣는다. 여전히 '페미니즘'은 사람들을 불편하게 만드는 단어이다. 그래서 페미니스트적인 태도와 사회 정의 의식이 있는 여성들조차도 그 말을 입 밖에 내지 않으려고 한다. 우리 여성들은 복종이 몸에 배어서 자신을 검열하고 자신을 위한 투쟁을 거부한다. 이런 소극적인 태도는 가부장제가 이룬 여러 업적 중 하나이며, 그래서 걱정스럽다. (사회 정의와 평등을 믿기 때문에) 페미니스트가 된 여성들이 이 투쟁을 거부하는 건 결국 오랜 세월 동안 이전 세대 여성들이 준비해 온 투쟁의 가치를 떨어뜨리는 것이나 다름없다.

어떤 이들은 이런 말을 할 것이다. "남성우월주의고 페미니즘이고 뭐든 극단적인 것은 안 좋다." 물론 페미니스트들은 남성을 차별하길 원하지 않는다(여성이 남성을 차별하려면 여성이 당한 것처럼 체계적으로 남성에게 폭력을 행사하고 복종을 강요하는 긴 세월이 필요하다). 페미니즘을 남성 차별로 생각한다면 그 말의 뜻을 제대로 알지 못하는 것이다.

스페인 왕립 학술원°에서는 페미니즘을 "여성이 남성∞과 똑같은 권리를 가져야 한다고 옹호하는 이데올로기"라고 정의했다. 그러나 누리아 바렐라Nuria Varela의 말처럼, 3세기가 지난 지금도 학술원에

°　스페인어 규정을 총괄하는 기관.

∞　저자는 '남성'만 뜻하는 '바론varón'이라는 단어 대신, '남성'과 '사람'을 동시에 뜻하는 '옴브레hombre'라는 단어를 사용했다.

서는 페미니즘이 무슨 뜻인지 잘 모르고 있다.[1] 페미니스트 이론은 여성이 자기 삶에 대해서 요구할 수 있는 존재임을 입증하기 위해 생겨났다. 따라서 여성의 권리를 말할 때 남성이 비교 기준이 될 수는 없다. '옴브레'라는 단어가 '사람'이란 뜻의 중성적인 단어로 동시에 쓰여서도 안 된다. 페미니즘 운동에서 여성은 남성에게 당하는 억압과 착취를 인식하고 자유와 권리 회복을 요구한다.

어떤 사람들은 논쟁의 여지가 있는 주제를 다룰 때 페미니스트들의 의견이 자기와 다르다고 생각하기도 한다. 때로 페미니스트들 사이에서도 다른 의견이 나올 수 있다. 페미니즘도 종류가 많고 모두 다르기 때문이다. 또, 하나의 권리를 모두 똑같은 방법으로 지키는 것도 아니고, 불평등을 바라보는 정도에도 차이가 있다. 페미니스트가 여성의 자유와 정의 실현을 원하지만, 자유와 정의를 추구할 때는 자신만의 가치를 따르기 때문에 실현하는 방식이 다양해질 수밖에 없다.

한편 가부장제의 억압을 전혀 느끼지 못한다는 여성들도 있다. 이들은 로자 룩셈부르크Rosa Luxemburg°의 "움직이지 않는 사람은 자신의 사슬 소리를 듣지 못한다."라는 말을 기억해야 한다. 이런 여성들은 이미 가부장제에 익숙해져서 거기에서 한 발짝이라도 벗어나고 싶다는 생각을 하지 못한다. 그 사슬을 차고 있다는 사실조차 모르기 때문에 자신의 상태가 괴롭지도 않다. 즉 억압을 인식하지 못하는 것이다. 불평등이나 불공정에 대해서도 알지 못하고, 권력과 의사 결정

○   폴란드 출신의 사회주의 이론가이자 혁명가.

이 남성의 손에 달려 있으며 법률과 경제 및 사회가 백인 이성애자 남성의 이익을 위해 만들어졌다는 사실도 모른다.

여성은 억압받는 사람이 거의 느끼지 못할 정도로 은밀하게 이루어지는 상징 권력symbolic power°의 피해자이다.[2] 억압받는 여성들은 이 세상에서 자기 위치가 불평등해도 인식하지 못하고 압제자에 맞서 싸울 생각도 하지 못한다. 사회 질서 유지라는 명목으로 이런 식의 폭력이 이어지고 있다. 언어도 늘 남성 중심적인데 왜 많은 여성은 그것을 정상이라고 생각할까? 왜 여성은 광고 속에서 사물화되고 성적 대상이 될까? 그러나 보다 큰 의문은 왜 그녀들이 많은 불평등 앞에서 혁명을 일으키지 않느냐 하는 것이다. 이유는 간단하다. 사회에서 그것을 불공평하게 보기는커녕, 심지어 정상으로 여기기 때문이다.

따라서 우리는 가장 먼저 자녀들에게 남성우월주의가 존재하고 그 모습이 다양한데 때로는 인식할 수 없는 방식으로 나타난다는 사실을 알려 주어야 한다. 자녀들이 문제를 발견하고 싸우기 위해서는 먼저 그 사실을 인식해야 하기 때문이다. 우리는 아이들에게 페미니즘이 남성우월주의와 싸울 수 있는 유일한 방법임을 말해 주어야 한다.

여성으로 태어나는 순간 가부장제는 우리를 코르셋 속에 가둔다. 여성에게 평등한 법률들이 제정되었다는 서구 국가에서도 코르셋은

° 강압적이고 직접적인 폭력 없이 사람들로 하여금 기존의 질서를 보고 믿게 만들어 위계를 정당화하는 권력.

여성이 더 많은 책임과 권력이 있는 높은 위치에 오르지 못하게 막고, 남성의 뜻과 많은 사회적 불평등 앞에 복종하도록 만든다. 따라서 억압받는 여성이 이런 상태를 인식하고 평등한 권리를 주장하는 순간 페미니스트 의식이 탄생한다.

페미니즘은 사회에서 가부장제의 억압, 성차별에 대한 고정관념, 성적 공격, 여성에 대한 폭력, 남성 위주의 시선을 제거해야 한다고 주장한다. 아직도 우리 사회에서 남녀가 평등하다고 믿는가? 모든 불평등을 정상으로 보고 모두가 평등하다고 여기는 것은 남성우월주의가 큰 성공을 거두었기 때문이다. 예를 들어, 우리 눈이 파랗다고 가정해 보자. 그 이유만으로 태어나자마자 귀를 뚫어 고리를 걸고, 같은 일을 해도 23퍼센트나 적은 월급을 받고, 사는 동안 자기 공간을 다른 사람들에게 빼앗기고, 성과를 내도 침묵을 강요당한다면, 그리고 되도록 자기 의견을 내지 말라는 압박을 받고, 자기 의견을 내더라도 늘 다른 사람의 의견보다 무시당한다면, 심지어 최근에 눈이 파란 사람들이 사는 마을에서 800명 이상이 살해당했다면, 당연히 심각한 문제라고 생각하지 않을까? 이렇게 볼 때 남성우월주의는 우리 사회에서 정말 심각한 문제이다.

시몬 드 보부아르Simone de Beauvoir는 "여성은 여성으로 태어나는 게 아니라 사회적 구성social construction°을 통해 여성으로 만들어진다."라고 했다.[3] 마찬가지로 아나 데 미겔Ana de Miguel도 "태어나면

○   사회적으로 구조화된 남성 및 여성의 역할, 신념 체계, 태도, 이미지, 가치, 기대 등을 말한다.

외부 요소들에 의해 우리 성이 만들어진다."라고 했다.[4] 보통 스페인에서는 아이가 태어나면 귀를 뚫어 여성임을 알리고, 여성 혹은 남성의 역할을 정해 준다. 여자아이는 귀를 뚫어 주고 분홍색 치마를 입히며 남자아이는 파란색 발싸개를 해 준다. 이것이 바로 시작이다. 즉 젠더 구성의 외부 요소가 여성 또는 남성이 가는 길을 만드는데, 이것은 사회적으로 불평등하고 장기적으로 볼 때 여성들(아이와 성인 모두)에게 해가 될 것이다.

귀걸이로 여자임을 표시하는 것은 단순한 상징 그 이상이다. 어떻게 하면 여성이 되고, 어떻게 자신의 젠더를 형성해 가야 하는지(어떻게 처신하고 행동하며 옷차림해야 하는지)를 결정해 주는 셈이다. 이것은 성차별적 고정관념을 만들어 내는데, 이에 따라 여아는 사람들 사이에서 약하고 복종하는 역할을 맡는다. 스스로 남아보다 덜 똑똑하다고 여기고 더 외모에 신경 쓰며, 사회에서 자신이 할 일이 집안일이나 자녀를 돌보는 일이라고 생각하게 된다. 반면 권력과 통제는 남성의 몫이라고 생각한다. 단지 여성이라는 이유만으로 남성의 폭력에 따른 강도 높은 통제, 공격, 강간, 심지어 죽음의 위험 앞에 놓이기도 한다.

페미니즘은 남아에게도 중요하다. 남아들도 원하는 대로 자유롭게 자신을 표현하지 못하고 있기 때문이다. 사회가 남성성의 모습을 정해 주고 원하는 대로 하지 못하게 막는다. 남성은 섬세하거나 민감하고 애교가 있으면 안 된다고 한다. 대신 용감하고 강해야 하며 가정의 경제를 책임지라고 강요한다. 이런 남성의 젠더 구성도 다시 한번 생각해 보아야 한다. 남성들도 자신이 원하는 대로 결정할 권리가

있고, 어떤 식으로든 개인의 생각을 세상의 진부한 사고 틀에 맞춰서
는 안 되기 때문이다.

　나는 이런 고정관념이 안 좋다고 생각했다. 그래서 딸들이 태어났
을 때 아이들이 원하는 여성의 모습과 삶의 방식을 선택할 자유를 주
겠다는 생각으로 귀를 뚫어 주지 않았다. 장난감도 중성적인 것으로
선택하고, 하나의 성에 치우치지 않기 위해 중성적인 옷을 입히려고
했다. 그래서 아이들과 길을 가면 사람들이 참 예쁜 남자아이라고 하
기도 했지만 전혀 신경 쓰지 않았다. 나는 아주 어렸을 때부터 딸들
의 자유권이 박탈당하는 일을 막고 싶었다.

　그러나 안타깝게도 내 노력과는 상관없이 태어나는 순간 딸들의
자유는 이미 줄어들어 있었다. 내가 딸들에게 유일하게 줄 수 있었던
것은 자기 자신에 대한 힘을 갖게 하는 일이었다. 물론 귀를 뚫고도
페미니스트가 될 수 있지만, 원하는 여성상을 스스로 선택하는 게 더
낫지 않을까? 또한 남아들도 자신이 원하는 남성상을 선택하는 게
좋지 않을까?

　고정관념은 우리의 능력과 자존감, 세상을 바라보는 올바른 눈을
파괴한다. 각자의 일상 속 작은 행동이 세상을 바꿀 수도 있지만 진
정한 발전을 위해서는 세계적 의식이 필요하다. 페미니즘은 여성과
남성에 대한 젠더의 사회적 구성이 변해야 한다고 주장한다. 여성이
높은 책임과 권력의 자리에 오르고 남성우월주의 폭력을 제거하며
가정에서 진정한 공동 책임자가 되기 위해서는 사회 전체가 불평등
에 대한 책임을 지고 페미니즘과 페미니스트 여성들, 그리고 그 뜻을

함께하는 남성들을 지지해야 한다. 그리고 이런 일은 아이들이 태어나는 순간부터 이루어져야 한다.

이런 변화는 불평등으로 인해 남성만이 누렸던 수많은 특권이 사라진다는 사실을 의미한다. 아주 최근까지도 왜 아들과 딸이 태어나면 아버지의 성만 따랐던 것일까? 이제 진정한 평등이 시작되면서 남성들은 그 특권을 잃게 되었다. 그렇다고 여성이 남성보다 더 높은 자리를 원한다는 뜻은 아니다. 이제부터는 아버지의 성 대신 어머니의 성을 쓰자는 말도 아니다. 단지, 평등을 원할 뿐이다. 그렇게 평등해지면 남성이 기존에 누렸던 특권을 잃게 된다는 뜻이다. 그러나 결국 이러한 변화는 사회 전체로 보면 득이 될 것이다.

여성의 불평등은 임금 격차부터 성차별적 살인까지 다양하다. 누리아 바렐라가 말했듯이, 스페인 역사상 성차별적 폭력으로 죽은 여성의 수는 스페인 무장단체 ETA에 의해 살해된 사람의 수와 비슷하다.[5] 남성이 여성을 살해하는 동기는 유년기와 청소년기에 형성된다. 남성우월주의자로 태어나는 게 아니라 사회가 그렇게 만드는 것이다.

남성우월주의자는 하룻밤 사이에 생기는 게 아니다. 수년간 여러 원인이 쌓인 결과이며 그중에는 아주 사소한 원인도 많다. 그 원인들이 남성우월주의자의 정신세계를 만들어 간다. 분홍색이 여성의 색이라는 생각은 성 고정관념에 갇힌 정신세계의 시작이다. 그 연장선에서 여아는 약해서 자동차 장난감이나 축구공을 가지고 놀 수 없다고 생각한다. 여아가 남아보다 수학을 못하고 덜 똑똑하며 능력이 떨어진다고 생각한다. 여성은 순하고 순종적이어야 하며, 자녀를 돌보고 집안일만 하며, 성적인 부분에서 좀 더 조심해야 한다고 생각한다. 또 애교가 많고 외모를 늘 신경 쓰며, 간섭받기를 좋아하거나 칭찬을 받고, 가르침이나 돌봄을 받아야 한다는 등 수많은 고정관념에 사로잡히게 된다. 그러다 보면 점점 남자아이는 남성우월주의자가 되고, 여자아이는 가부장제를 순순히 따르는 여성이 된다.

이로 인해 사회는 결국 허약한 공동체가 될 수밖에 없다. 모든 집단 차별의 압력을 제거하기 위해서는 앞으로 나아갈 수 있는 큰 사회의식이 필요하다. 스위스 교육기관에서는 치마만다 응고지 아디치에가 쓴 『우리는 모두 페미니스트가 되어야 합니다』를 필독서로 선정했다. 선진국에서는 페미니즘으로(즉 평등하게) 하는 교육이 더 나은 사회를 위해 꼭 필요하다고 생각한다.

바로 지금이 기회이다. 요즘 들어 점점 페미니즘과 여성의 역량 강화에 대한 이야기가 언론에서 많이 나오고 있다. 하지만 남성우월주의는 줄어들지 않는다. 여전히 우리 주변의 정치, 경제, 문화의 영역 또는 과학자, 기술자(엔지니어, 건축가, 연구원) 중에서 여성의 능력을 나타내는 분명한 모델이 없다. 남성은 여전히 집안일이나 자녀 양육에서 자기 몫을 다하지 않는다. 그리고 남성의 여성 학대와 강간, 살인은 계속되고 있다. 바로 지금이 여아가 자유로운 페미니스트가 되도록 힘을 실어 주고, 남아가 페미니즘의 지지자이자 동맹군이 되도록 도와줄 때이다. 오늘날 자녀 교육은 공정한 사회의 기초가 되는 페미니즘을 바탕으로 이루어져야 한다.

페미니즘의 길을 연 여성들

페미니즘 운동은 단지 여성이 여성이란 이유만으로 당한 불평등을 깨닫고 그 억압에 저항하면서 시작되었다. 인류학적으로 신석기 시대 이전의 성역할이 고정관념에 따라 나뉘었다는 증거는 없다. 여성이라고 늘 자녀를 키우며 동굴에만 머물러 있거나 남성이라고 꼭 사냥을 나가는 게 아니었기 때문이다. 이 주제에 관한 연구들을 보면 이런 생각은 비교적 최근에 우리 사회에서 구성된 고정관념으로, 오늘날의 가족 개념과 계층 구조 및 유대—기독교 사상의 영향을 받았다.

이제까지 고정관념을 깬 여성들은 늘 있었다. 이들은 오랜 역사 동안 두각을 나타내며 평등한 권리를 위해 다양한 방식으로 싸웠다. 기원전 3세기경, 여성 철학자 중 한 명이었던 히파르키아Hipparchia는 그리스 마로네이아의 명문 귀족 출신이었다. 그녀는 집안일을 하거나 옷감을 짜는 대신 연구와 철학에 전념하며 사회의 몰이해와 맞섰다. 고대 이집트 알렉산드리아의 히파티아Hypatia는 4세기의 가장 중요한 철학자이자 수학자, 천문학자 중 한 명이다. 그녀는 프톨레마이오스Ptolemaeus°가 말한 것과는 달리 태양 주변에서 지구가 타원 운동을 한다는 사실을 처음으로 증명했다.

아나 데 미겔에 따르면, 기예르미네 데 보헤미아Guillermine de Bohemia는 13세기 말 그리스도의 구속이 여성들에게는 미치지 않았

○　　고대 그리스의 천문학자이자 수학자. 천동설을 주장하였다.

고 하와가 구원을 받지 못했다는 전제하에 여성만을 위한 교회를 세웠다.[6] 당시 시골 여성뿐만 아니라 부자와 귀족 출신 여성들도 그녀를 따랐다.

역사에 남은 페미니스트 사상가를 뽑자면 영국의 작가이자 여권 신장론자인 메리 울스턴크래프트Mary Wollstonecraft를 들 수 있다. 스페인의 작가이자 페미니스트인 로사 코보 베디아Rosa Cobo Bedia는 그녀가 가난하고 술에 찌든 폭력적인 아버지 밑에서 자랐으며, 당시 여아들처럼 교육을 받지 못했고 정규 교육 정도만 겨우 받았다고 했다.[7] 덕분에 그녀는 당시 젊은 여성들이 살았던 상황을 개선하겠다는 꿈을 꾸게 되었다.

메리 울스턴크래프트는 1787년 『딸들의 교육에 대한 생각Thoughts on the Education of Daughters』이라는 책을 썼다. 여기에서 여아들에 대한 차별 없는 교육의 필요성을 말하고, 여성을 사회의 장식품으로 만드는 교육을 비판했다. 1792년에는 페미니즘의 기본서인 『여성의 권리 옹호A Vindication of the Rights of Woman』를 썼다. 이 책에서는 여아를 연약한 사람으로 키우고 결혼을 위한 교육을 시키면서 완전하고 독립적인 인간이 되지 못하게 하는 세태를 비난했다.

20쪽의 표를 보면 페미니즘이 다양한 흐름과 단계를 거쳐 왔음을 알 수 있다.[8] 페미니즘 운동이 다양해지면서 여성들은 매우 다양한 형태로 자유와 권리를 위해 싸웠다. 오늘날 페미니즘은 형태도 다양하고 각자의 차이도 크지만, 진짜 자유로운 여성이 되는 것이라는 공통 목표를 가지고 있다. 페미니즘과 1992년 아테네 선언, 페미니즘의 제

페미니즘의 흐름과 단계

시기	여성들이 요구한 것	대표 페미니스트
제1의 물결 (불평등에 대한 첫 반응부터 19세기 초까지)	여성의 불리함을 인식하고 교육 및 직업, 결혼의 권리, 자녀 양육, 투표권 같은 필수 권리를 위해 싸웠다. 프랑스 혁명이 이 변화의 중요한 단서가 되었다.	• 크리스틴 드 피장Christine de Pizan[o]은 『여성들의 도시』를 썼다. • 프랑수아 풀랭 드 라 바르François Poullain de La Barre는 『남녀평등』을 썼다. • 메리 울스턴크래프트는 『여성의 권리 옹호』를 썼다. • 올램프 드 구즈Olympe de Gouges는 1791년 남성의 폭압이 여성의 권리를 제한한다고 주장하다가 프랑스 혁명의 정치가 로베스피에르로 인해 단두대에 올랐다.
제2의 물결 (19~20세기)	영국과 미국에서 19세기 중반에 시작된 참정권 운동을 포함한다. 여성들은 투표와 자녀에 대한 권리, 자기 재산 관리 또는 고등교육 같은 기본적인 시민의 권리를 요구했다. 또 당시 동일 직업에 대한 동일 급여를 요구했다. 이 물결은 20세기 중반에 끝났다.	• 에밀리 와일딩 데이비슨Emily Wilding Davison은 경마대회가 열린 날 여성의 참정권을 외치며 왕의 말 앞으로 뛰어들어 죽었다. • 엘리자베스 캐디 스탠턴Elizabeth Cady Stanton은 세네카 폴스에서 여성과 남성을 소집해 여성의 권리와 사회적, 시민적, 종교적 조건에 대해서 논의했다. 이 모임 이후 그들은 '세네카 폴스 선언'을 한다. 21년 후 와이오밍주는 여성의 참정권을 인정한 첫 번째 주가 되었다. • 플로라 트리스탕Flora Tristán은 노동 운동 및 여성 인권 운동가였다. • 시몬 드 보부아르는 『제2의 성』을 썼다.
제3의 물결 (1960년대 초 이후)	미국에서 시작되었다. 이미 투표권과 시민권을 얻은 여성들은 여전히 자신이 집 안으로 추방되었다는 것을 깨달았다. 또 자신의 성적 지향을 주장하며 사회적 구조 때문에 불평등과 성 고정관념, 여성의 사물화와 여성에 대한 폭력이 생긴다는 점을 인식했다.	• 베티 프리단Betty Friedan은 『여성성의 신화』를 써서 미국 주부들의 불만을 드러냈다. 또한 자유 페미니즘의 아이콘이 된 전미여성기구를 만들었다. 아나 데 미겔이 설명한 것처럼, 억압과 착취가 아닌 불평등한 여성의 상황을 정의하고, 양성평등을 성취할 때까지 제도의 개혁을 요구했다.[9] • 대조적으로 여성이 자율적으로 조직하고 반체제를 선언하며 여성 해방 운동을 구성하는 급진적 페미니즘이 나타났다. 이런 운동은 케이트 밀레트Kate Millett의 『성의 정치학』과 슐라미스 파이어스톤Shulamith Firestone의 『성의 변증법』이라는 두 권의 책과 관련이 있다.

[o] 유럽 최초의 여성 작가.

도화 덕분에 국가나 세계의 지도자들이 공개적으로 페미니즘 정책을 펴기 시작했다. 그러나 여전히 갈 길이 멀다.

지금은 여성이 높은 책임과 권력의 위치에 오르고(아주 낮은 비율인데, 예를 들어 스페인 대법원에는 남성 판사가 68명인 반면 여성 판사는 11명이다)[10] 사회적, 문화적으로 중요한 변화도 일으키고 있다. 그렇다고 '평등이 이루어졌다.'는 생각을 퍼뜨리는 것은 아주 위험하다. 페미니즘이 새로운 세대와 마주하고 있기 때문이다. 오늘날 청소년들은 이전 세대보다 훨씬 더 강도 높은 성차별주의를 이어 가고 있다. 소년들은 휴대폰과 소셜 미디어로 여자 친구들을 통제하고 상처를 주며 학대하기도 한다. '섹스팅sexting°', '사이버 불링cyber bullying∞', '성적 괴롭힘'이라는 단어들이 그런 상황을 여실히 증명한다. 낭만적인 사랑을 꿈꾸는 소녀들은 소년들의 통제를 따르고 스스로를 사물화한다. 따라서 여전히 진정한 평등은 이루어지지 않고 있다. 남성은 모든 분야와 대화, 권력, 정치, 노동, 물리적 장소에서 여성의 공간을 빼앗고, 성폭행과 강간, 성적 우월주의 폭력과 살인을 계속 저지른다.

사상과 철학, 문학, 정치 또는 혁명적 행동들로 페미니즘을 옹호해 온 여성들은 아주 많다. 이 여성들은 여성의 교육과 투표, 경제적 독립 같은 기본 권리를 지키기 위해 고문과 학대를 겪고 강간과 살해를

°   청소년들이 자신이나 친구들의 성적인 신체 사진 또는 동영상을 찍어 전송하거나 온라인 상에 올리는 일.
∞   특정인을 사이버상에서 집단으로 따돌리거나 집요하게 괴롭히는 행위.

당했다. 오늘날 우리는 그녀들 덕분에 어떤 은행에서든 계좌를 열 수 있고, 혼자 여행하고 공부하고 일하고 자산을 운용하고 원하는 대로 살 수 있다. 우리는 이 사실을 절대 잊지 말아야 한다. 오늘날 여성들이 당연하다고 생각하며 즐기는 이 자유는 과거에 동시대 사람들에게 이해받지 못했던 페미니스트들 덕분이다.

왜 페미니스트라 불리는 게 꺼려질까?

많은 사람들이 여성이 온전한 권리를 찾고 누리는 일을 지지하기는 해도 자신이 '페미니스트'라고 불리기는 꺼린다. 페미니스트에 대한 언론의 안 좋은 뉴스나 악평 때문이다. 특히 매스컴에 등장하는 극보수주의자들과 여성혐오자들의 평가가 그렇다. 일부 교과서에서는 페미니즘을 남성우월주의의 반대말로 보지만, 압제자인 남성의 자리에 여성이 대신 앉는 것이 그 해결책은 아니다. 페미니즘을 제대로 이해하려면 페미니즘이 남성우월주의를 상대로 하는 싸움이지 남성우월주의의 반대말이 아님을 분명히 알아야 한다. 모든 페미니스트들이 이 말에 동의할 것이다. 어떤 사람들은 페미니즘을 자신과 상관없는 다른 시대의 이야기로 생각한다. 그래서 혹자는 페미니즘이라는 말 대신 '평등'이나 '공평'이라는 말을 쓰면 안 되느냐고 묻기도 한다.

한마디로 대답하자면, 그 말들은 전혀 다른 뜻이다. 페미니즘을 '평등' 또는 '공평'이라고 부른다면 여성이 평등을 주장할 수 없게 된다. 평등은 서로 똑같다고 여기는 것인데 남성과 우리 여성이 똑같지 않기 때문이다(여성은 남성과 똑같은 상황에서 출발하지 않았다). 따라서 우리에게 필요한 건 남성과 온전히 똑같은 법이 아니라 공정한 법이다. 즉 여성인 우리가 어떤 면에서 불리하게 시작했다면 이에 따른 특별한 법률이 필요하다. 예를 들어, 낙태법과 남성우월주의 폭력에서 여성을 완전히 보호하는 법, 직장 내 동등한 임금에 관한 법, 공동 책임에 관한 법 등 남성에게는 필요 없는 많은 법이 여성에게는 필요하다. 또한 여성 대표의 낮은 할당 비율을 바꿀 법도 필요하다. 그렇다고 우리가 단지 페미니스트적인 법만 원하는 건 아니다. 여성의 업적을 소중히 여기며 여성이 권력을 갖고 의사 결정을 할 수 있는 페미니스트적인 사회도 원한다.

어쨌든 이미 우리는 수세기 동안 이어져 온 이 움직임을 정의할 만한 완벽한 단어를 가지고 있기에 더 이상 다른 단어를 찾을 필요는 없다. 여성 운동에 여성임을 뜻하는 단어를 사용하는 건 당연하다. 그런데도 우리가 사용하는 거의 모든 언어가 남성 중심적이기 때문에 거부감을 느끼는 것이다.

이제 여남 모두에게 깊숙이 스며든 가부장제를 살펴보도록 하자. 물론 모든 언어가 남성을 중심으로 만들어질 수 있고, 여성이 포괄적인 용어 사용을 요구할 권리는 없다. 그러나 어원상 남성 중심이 아닌 단어가 생겨날 때마다 여성에게 심각한 문제가 생긴다.

이미 페미니즘 운동의 격을 떨어뜨리기 위해 '페미나치즘feminazism' 또는 '여성우월주의hembrism' 같은 단어가 새로 생겨났다. '페미나치즘'이라는 단어는 미국 라디오 방송 진행자가 낙태 권리를 옹호한 여성들을 가리키며 사용한 말로 이미 대중화되었다. 이후에는 페미니즘 운동을 깎아내리려는 목적으로 자주 사용되었다. '여성우월주의'는 남성우월주의의 반대말로 남성이 본질적으로 여성보다 열등하다고 믿는 여성의 잘못된 우월성을 뜻한다. 그러나 이 말은 개념 자체가 존재할 수 없는 가짜 용어이다. 왜냐하면 여성이 남성이라는 이유만으로 그들을 차별하고 굴욕을 주며 폭력을 행사하기 위해서는 먼저 수세기 동안 페미니즘의 지배가 있어야 하기 때문이다. 물론 그런 일이 페미니즘의 목표는 아니다.

남성우월주의와 성차별주의, 여성혐오

페미니즘 운동을 더 잘 이해하고 투쟁의 대상을 정확히 알기 위해서는 여러 개념들을 잘 생각해야 한다.

다음 장면은 일상에서 흔히 볼 수 있는 상황이다. 친구들과 집에서 저녁을 먹는 장면을 떠올려 보자. 식사가 끝날 즈음이 되면 여성들은 접시들을 들고 마치 용수철처럼 벌떡 일어나는 반면, 남자들은 계속해서 식사를 즐긴다. 이것은 남성우월주의의 전형적인 행동이기 때문에 누구도 이 차이를 잘 알아채지 못한다. 남성은 식탁을 정리하는 게 자기 일이 아니라고 (의식적 혹은 무의식적으로) 생각한다. 반대로 여성은 그 일을 해야 한다고 (의식적 혹은 무의식적으로) 생각한다. 많은 사람이 이런 차이에 대해 생각조차 하지 않는다. 어떤 남성들은 그런 생각을 하더라도 '모른 척'한다. 그리고 어떤 남성은 일어나서 식탁 정리를 돕는다('돕는다'는 말 자체가 위험한 말이지만). 이런 모습에서 우리는 가부장제가 어떻게 나타나고 있는지 알 수 있다. 우리의 일상 속에는 남성우월주의, 성차별주의 및 여성혐오가 많이 나타난다. 이것은 아주 작은 일화에 불과하다.

가부장제는 남성이 권력을 갖는 사회 구조이다. 우리 사회에서 모든 권력, 즉 정치, 경제, 문화, 사회의 권력은 대부분 남성에게 있다. 우리 사회는 남성이 결정을 내리고, 그 결정이 모든 것의 기준이 되도록 구조화되어 있다. 언어도 남성 위주로 되어 있고, 기업의 경영과 권력, 정치도 남성의 손에 달려 있다. 섹스도 남성의 성적 쾌락에 맞춰져 있다(성매매, 포르노, 성교). 가정에서도 남성이 가장이 되는 구조이다. 남성은 모든 사회 환경에서 여성의 공간을 빼앗고, 강간과 학대, 살인을 저지르는 주체가 되기도 한다.

남성우월주의는 성별 관계를 조직하는 구체적인 방법이다. 또한 사회 질서 유지라는 명목으로 여성을 차별하고 여성에게 굴욕을 주며 무시하는 일련의 학습된 태도이다. 남성은 남성다움과 힘, 공간 점유, 사고력으로 높은 자리에 오르고 혜택을 누린다. 이것은 남성들의 태도에서 그대로 드러난다.

바렐라가 설명한 성차별주의는 다음과 같다. "가부장제에서 지배받는 여성의 열등함과 종속, 착취를 유지하기 위해 사용된 방식이다. 물론 성차별주의는 생활 환경과 인간관계의 모든 영역에서 나타난다." 즉 성차별주의는 "여성의 종속과 남녀 간의 불평등을 지속하는

데 사용된 모든 방법을 옹호하는" 이데올로기이다.[11] 이것은 이미 제도화되어서 불평등한 언어나 법률로 나타난다.

여성혐오는 여성(아이와 성인 모두)에 대한 증오와 혐오를 뜻한다. 이는 아주 다양한 방식으로 나타난다. 집안일이나 자녀 양육을 모두 여성에게 맡기거나, 여성을 모욕하면서 물건처럼 대하거나, 무시하고 폭력을 행사하며 통제하는 등 다양하다. 꼭 극단적인 행동으로만 나타나는 건 아니다. 종종 지하철에서 남성들이 안하무인으로 다리를 벌리고 앉아 있거나, 여성에게 시시한 농담이나 여성 비하 발언을 하는 것도 여성혐오이다. 여성의 대화에 끼어들거나 말을 가로채기도 하며 거리에서 여성들에게 치근거리거나 휘파람을 불기도 한다. 아주 단순하게는 '여성이라는 이유만으로' 남성과 같은 운동 능력이 없다고 생각한다. 우리 아이들은 이 모든 것을 어릴 때부터 배운다.

남성우월주의를 따르는 여성들

일부 페미니스트들은 남성우월주의를 지지하는 여성들이 없다고 주장한다. 그러나 여성과 남성이 모두 가부장제 아래서 자랐기 때문에 그런 사람은 얼마든지 있을 수 있다. 심지어 어떤 여성은 남성우월주의적인 행동을 하고, 여성이 남성에게 복종해야 한다고 생각한다. 그러나 그런 여성은 남성우월주의 속에서 아무런 혜택도 누리지 못하고 희생양만 될 뿐이다. 이들은 바르비하푸타Barbijaputa의 말처럼 "남성우월주의의 비자발적 협력자"가 된다.[12]

그러나 남성우월주의를 따르는 여성들을 탓하는 것은 남성우월주의로 생긴 희생자들에게 책임을 묻는 것과 같다. 마치 노예가 주인에게 반항하지 않는 것을 노예 탓이라고 하는 것이나 마찬가지다.

남성우월주의를 계속 유지하는 여성들보다 더 우리에게 상처를 주는 여성들도 있다. 바로 희생당하는 여성들 속에서 억압자를 돕는 협력자들이다. 그렇다고 그녀들이 나쁘다는 뜻은 아니다. 본질적으로 가부장제가 낳은 또 다른 성과이기 때문이다. 프랑스의 실존주의 소설가이자 사상가인 시몬 드 보부아르가 말한 것처럼, 희생자 중에 억압자를 돕는 공범자가 없었다면 억압자들이 그렇게 강해질 수는 없었을 것이다.

유명 페미니스트인 케이틀린 모란Caitlin Moran의 말처럼, 여성이 다른 여성에게 "대머리네."라고 비꼬듯 말한다고 해서 그 여성의 급여가 23퍼센트 정도 낮아지고 승진길이 막히는 건 아니다.[13] 여성들끼리 서로 비판하거나 여성이 다른 여성들의 야만적인 행위들을 폭로하거나 그런 행위를 직접 할 수도 있지만, 여성이 남성우월주의를 행사하지는 못한다. 이것은 오랜 시간에 걸쳐 깊이 뿌리 내린 사회적, 정치적, 경제적 분야의 여성혐오와 가부장제 때문이다. 여성들은 이제 가부장제 아래에서 자라면서 '절대 진리'라고 믿어 온 것들을 벗어버려야 한다. 정도의 차이는 있겠지만, 모든 여성에게 해당되는 일이다. 그렇다고 해서 여성이 남성우월주의자라는 뜻은 아니다. 단지 가부장제의 희생자일 뿐이다. 여기에서 여성회sorority가 생겨난다.

스페인 왕립 학술원에 따르면 여성회란 "우정과 상호 관계를 바탕으로 같은 이상을 나누고 같은 목표를 달성하기 위해 노력하는 여성들의 집단"을 뜻한다. 이 여성들은 우애와 조화를 바탕으로 서로 돕고 건설적인 비판을 한다. 우리 여성들은 공동 투쟁을 하고 다른 여성들에게 힘을 실어 주며, 이를 위해 같은 목표 아래 단결해야 한다. 지금까지는 늘 다른 여성의 행동을 비판하고 판단했더라도 이제 한 단계 앞으로 나아갈 때가 왔다. 스스로 페미니스트라고 생각하진 않지만 '평등해야 한다'고 생각하는가? 그렇다고 생각하는 사람들에게 페미니즘이 모두를 위한 길임을 보여 주어야 한다. 때로 실수도 하겠지만, 이 주제에 대해서 마음을 열고 계속 배워 나가야 한다.

온전한 페미니스트 사회를 위하여

페미니즘은 양성평등을 이루는 최고의 길을 제시한다. 우리는 모든 사회 구조가 남성우월주의의 성공에 맞춰져 있음을 잘 알고 있다. 그래서 페미니즘에서 말하는 주장에 동의할 수도 있고, 아닐 수도 있다. 어떤 이는 국가가 페미니즘 운동 지원 정책을 제공해야 한다고 주장한다. 또는 집안일의 책임이 여성과 남성에게 동등하게 있음을 인정하지 않는 사회는 발전할 수 없다고 강조한다. 여성 해방은 반체제적인 페미니즘 문화를 발전시키고 유지할 때만 가능하다고 주장하기도 한다. 어쨌든 오늘날 사회에서는 자녀들이 미래의 변화에 원동력이 되도록 글로벌 페미니즘 의식에 따른 교육이 필요하다.

이를 위해 우리가 가장 먼저 해야 할 일은 여성을 페미니스트로,

남성을 페미니즘의 지지자로 만드는 일이다. 이것이 기본이다. 이 세상의 절반인 아주 강력한 집단(남성들)은 자신들의 특권을 포기할 용의가 없기 때문이다. 하지만 이에 대한 세계적 인식이 없으면 온전한 페미니스트 사회가 될 수 없다.

　여성 참정권 운동이 그 시대에 '급진적' 운동이었다는 사실을 잊어서도 안 된다. 오늘날 페미니스트가 되는 것이 여성이 남성에게 종속되지 않는 평등하고 공정한 사회를 만드는 일이라 해도 아직은 '급진주의' 노선에 있다고 여겨질 수밖에 없다.

당신은 페미니스트
혹은 페미니즘 지지자인가?

'그렇다' 혹은 '아니다'로 답하시오.

1. 여남 모두 동등한 권리를 갖고 동등한 대우를 받아야 한다.

2. 같은 일을 하면 같은 급여를 받아야 한다.

3. 남성이 상대가 여성이라는 이유만으로 폭행, 강간, 살해할 권리는 없다.

4. 남성은 배우자의 일을 통제하거나 그 일에 영향을 주어선 안 된다.

5. 여성의 직장 경력은 남성의 직장 경력만큼이나 중요하다.

6. 여성은 자유롭게 결혼이나 출산, 화장, 하이힐 착용, 집 안의 청소 여부를 결정할 수 있다.

7. 배우자가 있다면 육아와 집안일을 동등하게 나눠야 한다.

8. 남성도 울 수 있고 원하는 대로 감정을 표현하고 감성적일 수 있으며, 여성도 권력을 얻고 원하는 대로 의사를 표시하고 이성적일 수 있다.

9. 여성은 투표하거나 공부할 수 있고, 경제적 부분과 직장 생활, 아이를 낳을지 여부를 결정할 권리가 있다.

10. 여성이 남성보다 삶의 여건이 안 좋고 주어지는 기회도 적은데, 이런 일이 무의식적으로 다른 일에 대한 야망을 품지 못하게 막는다.

만일 '그렇다'가 '아니다'보다 많다면, 스스로 그렇다고 말하지 않아도 당신은 페미니스트이다. 케이틀린 모란이 말한 것처럼 말이다. "페미니즘이란 여성이 자유로워야 한다는 확신이다. 당신이 페미니스트냐고? 하하하, 물론이다."

반항하는 공주들과
알고 보니 개구리인 왕자들

왜 페미니즘을 배워야 할까?

남성은 여성이 자신을 비웃을까 봐 두려워한다.

여성은 남성이 자신을 죽일까 봐 두려워한다.

마거릿 애트우드Margaret Atwood

나는 12년간 가톨릭 여자 초·중·고등학교를 다녔다. 수녀이신 선생님들은 교문을 나서자마자 교복 치맛단을 짧게 접어 입고 머리를 푸는(긴 머리는 묶는 게 교칙이었다) 우리를 보고 '싸구려 댄서'라고 불렀다. 맞은편에 있던 남학교 학생들과 수다라도 떨면 잔소리가 더 심해졌다. 학교에서는 정규 수업 외에 바느질과, 우리의 몸이 성전°임을 가르쳐 주었다. 우리는 남학생이 그저 우리에게 나쁜 짓만 하려는 존재이고 재미있어 보이는 것들은 거의 다 안 좋은 것이라고 배웠다.

°   성경의 「고린도 전서」 3장 16절 "너희는 너희가 하나님의 성전인 것과 하나님의 성령이 너희 안에 계시는 것을 알지 못하느냐."를 근거로 한다.

이렇게 남성을 배제한 교육을 받으면서 내가 얻은 좋은 추억 중 하나는 여자 친구들 사이의 끈끈한 우정이다. 지금도 나는 그때 친구들과 잘 지내고 있다. 이렇게 우리는 우리도 모르는 사이에 여성회를 경험하고 있었다. 물론 우리에게 불공평한 일들도 있었지만, 남학생이 없는 환경에서 그것이 차별 대우라는 것은 잘 몰랐다. 단색으로 칠해진 세상 속에서는 불평등이 보이지 않는 법이다. 이런 성별 분리 교육을 선택하는 것도 저마다 이유가 있겠지만, 나는 여학생과 남학생이 중요한 차이가 있고 서로 다른 것들을 배우기 위해 분리되어야 한다고 배웠다. 사교가 가능한 남성은 딱 두 경우뿐이었다. 가족이나 친척, 또는 사귀는 사이였다. 하지만 다행히도 시간이 흘러 나는 그때 배웠던 것을 다 잊어버렸다.

메리 울스턴크래프트는 18세기 소녀들이 말썽을 부리지 않는 숙녀가 되도록 교육받는 것이 늘 불만이었다. 그러나 나는 3세기가 지난 지금, 여성이 참정권을 얻은 이 시대에도 여아들이 그때와 똑같이 거세당한 교육을 받고 있다는 사실이 걱정스럽다.

우리는 여전히 남자는 울면 안 된다는 등 안 좋은 고정관념을 아이들에게 심어 주고 있다. 우는 것은 '여자애 같은' 일이고, 남자는 강해야 하고 자신보다 더 약한 여자를 보호해야 하며 더 위험한 일과 마주할 준비가 되어 있어야 한다고 가르친다. 또한 분홍색은 여자들의 색이고 소꿉놀이와 인형 놀이는 여자만 하는 놀이라고 가르친다(좀 더 확장하자면 섬세함이 필요한 모든 일이나 집안일, 육아도 여성의 일이라고 가르친다).

이런 고정관념에서 남성우월주의가 생겨난다. 남성은 힘과 통제력을 가지고 있다. 어릴 때부터 남아들에게 슈퍼히어로, 군인, 카우보이, 축구 선수 놀이를 가르치기 때문이다. 남성은 일에서도 누군가에게 주로 명령을 내리는 책임이 주어지는 자리를 맡는다. 반면에 여성은 더 낮은 직급에서 일하거나 집안일과 육아를 맡는다(인형 놀이나 소꿉놀이를 통해 육아나 그 외 집안일에 익숙해진다). 또한 힘이 없고 약하기 때문에 돌봄을 받는 일에도 익숙하다(외부의 위협으로부터 지속적으로 보호받는다). 어떻게 행동해야 하는지 배우는 과정에서 수많은 지적도 받는다(계속해서 조심하라는 말을 듣는다). 더 안타까운 사실은 가정에서 이런 식으로 양육하지 않아도 사회 전체가 그런 식으로 아이들을 키운다는 사실이다. 그러면서도 여성이 남성과 동등한 권리와 기회를 가졌다고 설득한다. 따라서 아이들은 장차 어른이 되어서도 이런 방식으로 만들어진 시스템, 즉 가부장제 속에서 살게 될 것이다.

사회적 불평등을 유발하는 젠더 고정관념

케이트 밀레트의 말처럼 가부장제 사회가 아닌 곳에서 여남 학생을 차별 없이 동등하게 교육하지 않는 한, 실제로 여성과 남성 간 생물학적 차이가 어느 정도인지 판단할 수는 없다.[14] 내가 봐도 여성과 남성은 외모 차이뿐만 아니라 신체 전반의 생물학적 차이가 있는 것 같다. 그러나 그 차이가 정확히 무엇인지, 각자 어떤 능력을 가지고 있는지는 잘 모른다. 다만 확실한 건, 우리가 짐작하는 것만큼 그 차이들을 일반화할 수는 없다는 사실이다(모든 여아가 조용하고 순종적이며,

모든 남아가 활동적이고 공격적으로 태어나는 건 아니다). 여자든 남자든 각자 성향을 갖고 태어나는데, 교육을 통해 어떤 부분은 발전되고 어떤 부분은 제한된다. 여성이 생물학적으로 사회 부조리와 억압, 폭력에 잘 견디도록 되어 있는 것도 아니다.

젠더는 사회적 구성물이다. 우리 여성은 사회가 만든 여성의 모습 대로 여성이 되었다. 남성도 사회가 전달해 준 남성의 모습대로 남성이 된다. 이런 정보를 전달받는 과정에서 모든 사람은 자연스럽게 남성이 (집단으로) 여성을 지배하는 가부장제 사회에 있음을 알게 된다.

미국의 페미니스트 슐라미스 파이어스톤에 따르면, 생물학적 요인은 여성을 많이 제한했다.[15] 여성은 월경과 폐경기로 인한 불편함, 출산의 고통, 수유, 육아, 양육 등으로 신체에 매여 있을 수밖에 없었다(케이틀린 모란이 말한 것처럼, 세탁기가 발명되기 전까지 여성은 참정권을 위한 캠페인에 참여할 수 없었다.[16] 손빨래를 해 대느라 바빴기 때문이다). 그리고 생존 보장을 위해 남성에게 의존해 왔다. 파이어스톤은 계급의 기원에서 이런 생식 기능의 차이가 첫 번째 노동 분업을 야기했다고 보았다. 그러나 인간은 다른 동물들과 달리 끊임없이 자신의 본성에 맞서고 도전하는 존재이다. 따라서 자연 그대로의 모습이 꼭 인간적인 모습은 아니다. 일단 생물학적 요인의 한계가 극복되면 더 이상 여성에 대한 억압이 계속되어서는 안 된다. 하지만 현실에서는 계속되고 있다. 본질주의essentialism°가 고정관념을

°   무엇을 규정하는 근본적인 속성들이 있다고 보는 관점. 여기서는 여성과 남성의 정체성이 생물학적·심리적·사회적으로 고정되어 있거나 결정되어 있다고 보는 전통적인 생각을 말한다.

정당화한다. 정말 선천적으로 여성이 남성보다 약할까? 여성이 남성보다 더 섬세할까? 정말 여성에게 모성 본능이 있는 걸까?

프랑스의 철학자이자 역사학자인 엘리자베트 바댕테르Elizabeth Badinter는 여성의 젠더 구성뿐만 아니라 모성 본능의 존재에 의문을 제기한다(이것은 아마도 태어나자마자 여성에게 낙찰된 가장 최초의 본능일 것이다).[17] 그녀는 모성애가 단순히 인간적인 느낌일 뿐, 불확실하고 취약하며 불완전하다고 주장한다. 역사 속에서 어머니로 살아간 다양한 여성들을 볼 때 이 삶의 방식은 초기 '본능'이라기보다는 사회적, 역사적 상황과 더 관련이 있다. 18세기 파리에서는 연간 2만 1,000명의 어린이가 태어났는데, 이 중 겨우 1,000명만 어머니의 돌봄을 받았다. 이런 무관심을 설명하기 위해 바댕테르는 2세기 동안 어머니들의 행동이 무관심과 거부 사이를 왔다 갔다 한 이유에 대한 이론을 바탕으로 아주 흥미로운 에세이를 썼다. 왜 당시 어머니들은 본성인 모성을 거슬렀고, 왜 지금 우리 여성들은 이렇게 자녀들에게 집착하는 것일까? 모성애는 여성이 타고난 자연스러운 감정처럼 보이지만, 실은 꼭 그렇지만은 않다.

젠더 고정관념gender-stereotype은 사회가 만드는 여성성과 남성성에 대한 행동 모델 및 선입견이다. 우리가 어떻게 느껴야 하는지, 어떻게 생각해야 하는지, 어떻게 행동하고 옷을 입어야 하는지, 어떻게 서로 관계를 맺어야 하는지를 결정한다. 이에 따라 여성은 사근사근하고 민감하고 감정적이며, 집안일을 하고 가족을 돌보는 일을 맡는다. 역사적으로 여성은 양육과 교육의 일을 담당했다. 반면 남성은 강하고 감정을 밖으로 드러내지 않으며, 공격적이고 지배적이며, 가정의 경제를 책임지고 자신감을 드러내는 역할을 맡았다. 이 모든 젠더 고정관념은 모두에게 성에 대한 편견을 불러일으키지만, 특히 여성에 대한 고정관념은 심각한 사회적 불평등을 유발한다.

미국의 철학자이자 젠더 이론가인 주디스 버틀러Judith Butler는 젠더의 구성이 다양하고, 타고난 성sex과 상관없이 다양한 방식으로 자신의 젠더를 만들어 간다고 주장한다.[18] 그런데도 대부분의 가정과 학교, 사회에서는 아이들이 태어나는 순간부터 여자는 여자답게, 남자는 남자답게 행동하도록 교육한다.

아이의 성별에 따른 젠더 고정관념

여아	남아
분홍색, 보라색, 자주색 및 밝은색	파란색, 갈색 및 어두운 색
공주, 댄서, 요정 역할	해적, 축구 선수, 슈퍼히어로 역할
인형, 주방, 집, 빗자루, 쓰레받기	자동차, 트럭, 비행기, 건축물, 슈퍼히어로 인형, 공
분홍색 자전거, 스쿠터, 스케이트	파란색 자전거, 스케이트
〈겨울왕국〉, 〈라푼젤〉, 〈미녀와 야수〉	〈카〉, 〈파워레인저〉, 〈트롤 헌터〉, 〈포켓몬〉, 〈가디언즈 오브 더 갤럭시〉
메이크업, 하이힐, 치마, 긴 머리	부츠, 바지, 짧은 머리
미인 대회, 공주님, 요정, 발레리나 분위기로 꾸민 생일 파티	축구 선수나 슈퍼히어로로, 해적, 카우보이 분위기로 꾸민 생일 파티
육아, 청소, 요리 돕기	기계와 자동차 청소, 전구 갈기, 라디오 고치는 일 배우기
춤, 스케이트, 리듬 제조	축구, 유도, 스케이트

아직도 우리가 여아와 남아를 똑같이 교육한다고 생각하는가? 지금의 이 차별 교육이 미래 사회의 불평등에 전혀 영향을 주지 않을 거라고 생각하는가?

여아들 주변의 문화적 환경에 가득 퍼진 고정관념은 여아들이 온전한 정체성을 형성하는 데 방해가 된다. 그리고 아이들에게 다양한 선택권을 주지도 않으면서 나중에 그들이 원하는 대로 될 수 있다고 말한다. 남아들에게도 비슷한 일이 벌어지지만, 그 이유로 남아들이 임금 격차나 성희롱, 강간 또는 공격에 시달리지는 않는다.

『교육 현황 연구』에 실린 논문 「교육과 성별의 관계」를 보면, 저학년에서 일어나는 사회화 과정은 사회적 정체성, 특히 성역할 형성에 많은 영향을 준다.[19] 교육은 사회 불평등을 가시화하는 데 중요한 역할을 한다. 성차별주의는 성별 간 받는 처우에서 불평등과 계급화를 초래한다. 특정 행동을 못 하게 막을 뿐만 아니라 인간으로서의 가능성을 제한하기 때문에 결국은 여성과 남성 모두에게 부정적인 결과를 초래한다. 그러나 여성은 열등하고 의존적인 존재로 취급받기 때문에 배로 상처를 입는다.

사회적으로 정해 놓은 성격 때문에 아이들은 서로 다른 기대치를 갖게 된다. 예를 들어, 교육 과정에 수학, 언어, 역사와 같은 중요한 과목들이 있지만 육아나 요리법은 배울 수 없다. 그것을 '여성 전용 지식'으로 여기기 때문이다. 반면에 남아들은 힘을 다루는 법을 배우고 주로 과학, 수학, 공학 또는 법학에 관심을 가진다. 여성은 집안일과 언어, 인문학 또는 치의학 및 의학 같은 분야를 주로 개발한다. 정말 안타까운 사실은 오랫동안 여성의 영역이라고 생각한 곳에서조차도 남성이 책임자의 자리를 맡고 있다는 사실이다. 예를 들면, 학교 교장 선생님은 남성이 더 많다.

만일 여아가 공주(백마 탄 남자가 나타나 구해 주기만을 바라는 여성)를 삶의 모델로 삼고, 낭만적인 사랑에 대한 생각으로 가득한 노래를 듣는다면, 그리고 평생 아버지는 축구 경기를 보고 어머니는 집안일을 하는 모습만 보았다면, 어른이 되어서도 더 높은 직업관과 야망을 품지 못할 것이다. 반면, 남아가 축구(선수가 천문학적 금액을 받으며 온 나라를 들썩이게 하는 스포츠)와 자동차, 트랜스포머 로봇, 슈퍼히어로 장난감을 가지고 놀다가, 사춘기가 되어서는 록 음악과 포르노 영화에 심취하고, 평생 어머니가 집안일을 하는 동안 아버지가 돈을 벌어 오는 모습만 보고 자랐다면, 비슷한 역할을 반복할 가능성이 높다. 여아들도 자라면서 보았던 그 모습만 생각하고 그 이상은 보지 못할 것이다.

차별을 만드는 장난감

아이들은 장난감과 놀이를 통해 정해진 성역할을 따르는 훈련을 한다. 거의 모든 여성의 기억에는 어린 시절 '남자용'이라서 가지고 놀지 못했던 장난감이 있을 것이다. 반대로 남성도 소꿉놀이를 하거나 인형을 가지고 놀고 싶었는데 그러지 못한 경험이 있을 것이다. 나도 어린이날에 자동차 경주 장난감을 사 달라고 졸랐지만, 한 번도 받지 못했다. 이후 내가 열여덟 살이 되자 부모님은 나에게 운전면허를 따라고 종용하셨다. 전혀 관심을 보이지 않는 나를 보고 부모님은 많이 놀라셨다. 나는 자동차에 전혀 관심이 없었고 면허를 딸 생각도 없었다. 어머니는 내가 운전하면서 자유롭게 살기를 바라셨지만, 그러려면 어릴 때부터 자동차에 관심을 가질 수 있도록 환경을 열어 주었어야 했다. 그때 내가 그렇게 원했던 자동차 경주 장난감을 사 주셨다면 분명 상황은 달라졌을 것이다.

어린 시절 친구 집에서 생일 파티를 한 적이 있다. 여남 친구들 모두 세 시간 동안 소꿉놀이를 하면서 즐겁게 놀았다. 그런데 한 아버지가 아들을 데리러 왔다가 아들이 노는 모습을 보고 놀라서 인형 대신 바닥에 있던 트럭 장난감을 손에 쥐여 주었다. 그분은 별 생각 없이 한 행동이었겠지만, 그런 장난감들 때문에 아들이 장차 어른이 되어서 가정을 책임지는 사람이 된다는 것까지는 생각을 못 하셨을 것이다.

사회학자인 엘리자베스 스위트Elizabeth Sweet는 아이들의 장난감으로 젠더 구성을 연구했다. 그녀는 박사 논문과 박사 후 연구에서 20세기 젠더 정의와 장난감에 대한 고정관념을 조사했다. 그리고 성별 간 사회적 불평등과 장난감이 서로 연관이 있다는 사실을 밝혀냈다. 그녀의 논문을 보면, 1990년대 이전의 장난감은 파란색과 분홍색으로 성별을 많이 구분하지 않았다.[20] 1920년대부터 1960년대까지도 장난감 색은 좀 더 중성적이었지만, 장난감 광고는 편향되었다. 집안일과 관련된 장난감은 여아용이고, 기계적인 장난감, 즉 집안일과 거리가 먼 장난감은 남아용이었다. 그리고 이 기간에 남성우월주의가 폭넓게 퍼졌다.

엘리자베스 스위트의 연구는 소비 경제와 자본주의가 성장하면서 완구 회사들이 아이들을 자극하기 위해 혈안이 되었다는 것을 보여준다. 결국 완구 회사들은 성별에 따라 장난감을 구분하기로 하고, 그 목표를 보다 구체적으로 세웠다. 고정관념에 근거한 이 분류는 아이들의 관심을 끄는 데 성공했고, 아이들의 정체성 형성에 영향을 주었다. 1990년대에는 여남평등을 위한 지원이 많았는데도 여성과 남성이 다르다는 생각과 고정관념이 오히려 더 커졌다(『화성에서 온 남자 금성에서 온 여자』 같은 책들로 뒷받침된다). 오늘날 장난감 진열대를 보면 젠더가 사람의 관심과 능력을 결정하는 주요 요소라는 생각이 더 많이 든다.

성별에 따라 차별화된 장난감은 이후 많은 결과를 낳았다. 21세기에 청소년들 사이에서 남성우월적 폭력이 급속히 늘어난 것도 1990년대부터 이어진 이런 차별화 때문이다.

여아답게, 남아답게 키우는 매체들

대중문화는 우리가 사는 세상에 대한 해석이다. 따라서 창작품과 예술적 표현을 보면 세상과 사람을 이해하는 방식이 보인다. 문화는 우리의 집단적 상상 속에 진부한 생각이나 고정관념을 심는다. 우리 자녀들은 주변의 모든 것에 자극을 받고, 자극받은 것을 바탕으로 철저하게 여아답게, 남아답게 자란다. 그 영향이 어느 정도인지 궁금한가? 요즘 서점에 가서 아동 및 청소년 문학 코너를 보면 너무나 안타깝다. 꼭 보라색 안경(페미니스트의 관점)을 끼고 가서 직접 확인하길 바란다. 6세용까지는 일러스트 책들이 많다. 특히 색깔과 내용은 중립적이지만, 내용에는 여전히 여성 과소대표성underrepresentation이 나타난다. 6~7세 이상의 책들은 중립적 내용을 유지하는 몇몇 출판사를 제외하고는 역사적으로 남성성이나 여성성에 극단적으로 편향된 전집들이 즐비하다. 여자 주인공은 늘 외모를 걱정하고 친구들과의 오해를 푸느라 바쁘며, 온통 축구 생각에 폭력을 쓰는 남자 주인공을 유혹하는 방법을 고민해야 한다. 또 소녀에게는 반짝이는 보라색이나 분홍색의 옷을, 소년에게는 어두운 색이나 파란색의 옷을 입혔다.

플로리다 대학에서 실시한 아동문학의 젠더 고정관념에 대한 최근 연구에서는 20세기 미국에서 출간된 아동서 5,618권의 중심인물과 제목에서 여성과 남성 캐릭터(인간과 동물 포함)의 표현을 분석했다.[21] 그 결과 제목에서는 남성 캐릭터가 여성 캐릭터보다 거의 두 배 많이 나타났고, 주인공은 남성이 여성보다 1.6배 정도 많았다. 시리즈 책 중 칼데콧 상처럼 중요한 상을 받은 작품이나 리틀 골든 북스의 도서 카탈로그에 나온 책에는 남성이 여성보다 더 많이 나온다.

이 책들에는 최소한 한 명 이상의 남성이 꼭 나오지만, 말하는 여성이 나오지 않는 책은 25~37퍼센트 정도이다. 아동 도서에서 남성 주인공이 나오는 책은 57퍼센트이고, 수컷 동물이 주인공인 책은 23퍼센트를 차지했다. 반면 여성 캐릭터가 나오는 책은 37퍼센트, 암컷 동물이 주인공으로 나오는 책은 7.5퍼센트에 불과했다.

오랜 기간 여러 종류의 도서를 검토한 결과, 양성평등의 변화는 단순하지 않았고 페미니스트 운동의 패턴과도 매우 관련이 있었다. 1920년에서 1960년 사이 도서에서 그 이전과 이후보다 불평등한 내용이 더 뚜렷이 나타났는데, 이때 페미니즘에 두 가지 큰 변화의 물결이 일어났다. 이 점은 우리에게 두 가지 사실을 시사한다. 첫째, 페미니즘 운동이 느슨했을 때 양성평등의 퇴보가 있었다. 둘째, 차별적인 젠더 표현은 모든 매체에서 젠더 불평등 체제를 합법화하고 재생산한다.

영화와 텔레비전의 경우를 보려면 게시판과 시리즈물을 살피면 된다. 대부분의 오락물은 매우 성차별적이다. 여아는 보통 〈꼬마 의사 맥스터핀스〉, 〈소피아 공주〉, 〈마샤와 곰〉, 〈케어베어〉, 〈발레리나 바비〉, 〈미녀와 야수〉 등을 보고, 남아는 주로 〈카〉, 〈가디언즈 오브 더 갤럭시〉, 〈인비지몬〉, 〈밥 더 빌더〉, 〈꼬마 기사 마이크〉 등을 본다. 여남 아이들 모두를 위한 영화에서도 분명한 차별은 나타난다. 〈트롤〉에서 여자 주인공 파피는 혼자서 문제를 해결할 수 없어서 꼭 남자 주인공인 브랜치에게 도움을 청한다. 또 파피는 브랜치와 늘 사이가 안 좋지만, 결국은 그와 사랑에 빠진다. 〈주토피아〉에서도 비슷한 일이 벌어진다. 혼자 문제를 해결할 수 없는 여주인공 주디에게는 꼭 남자 주인공인 닉의 도움이 필요하다.

광고는 자녀들이 소녀와 소년이 되는 법을 배우는 또 다른 매체이다. 장난감 광고를 보면 여자, 남자가 분명히 구분된다. 여아들은 아기 인형, 바비 인형을 가지고 소꿉놀이, 미용실 놀이를 하고, 남아들은 슈퍼히어로, 탐험가들과 자동차나 해적선을 가지고 논다. 성인을 대상으로 하는 광고도 똑같다. 여성들은 집 안 청소를 하고 아이를 돌보며 외모에 힘쓰지만, 남자들은 운전하고 모험하며 집에서 가장 역할을 한다. 광고 제품이 우리에게 꼭 필요한 게 아니라는 건 잘 알면서, 광고가 여남 아이들과 성인들에 대한 정해진 이미지를 팔고 있다는 사실은 간과하고 있지 않은가?

광고, 문학, 영화, 텔레비전을 통해 완전히 다른 두 가지, 여아용과 남아용으로 구분된 시나리오가 미래 세대에게 전달되고 있다. 여성이 자녀를 돌보느라 바쁘고 미모를 가꾸고 남성을 좋아하는 역할을 맡는다면, 남성은 옆에 있는 여성의 도움으로 멋진 영웅처럼 이 세상의 문제를 해결하는 역할을 맡는다.

과학자는 당연히 남자?

대학에서는 여학생 수가 54퍼센트 더 많고 석사 과정에서도 여학생이 더 성적이 우수한데[22] STEM(과학, 기술, 공학, 수학) 분야에서는 왜 여학생이 남학생보다 적을까?

젠더 고정관념에 대한 연구 결과를 보면, 사회는 여성을 성공적인 과학자가 될 자질이 없다고 보고 여성 과학자에 대한 편견과 차별을 부추긴다.[23] 결과적으로 이 모든 책임은 바로 고정관념에 있다. 일반적으로 과학자라고 하면 남성일 것이라고 생각한다. 반면에 여성과 과학자는 잘 어울리지 않는 단어처럼 보인다. 따라서 사회에서는 여성이 과학자가 될 가능성이 적다고 여긴다. 이 내용을 뒷받침하는 또 다른 연구에 의하면, 미디어와 사회 환경뿐만 아니라 교육에서도 젠더 고정관념이 퍼져 있다.[24] 초등학교에서 사용되는 자료와 언어를 분석한 결과 남성은 과학 분야 직업에서 여성보다 더 두각을 나타내고, 여성은 교육 분야에서 남성보다 더 두드러진다는 결론이 나왔다. 사용하는 교육 자료에서도 젠더 고정관념이 드러났다. 이 연구에서는 여성과 남성에 대한 고정관념이 과학 분야에서 성별 분포로 그대로 나타나기 때문에 젠더 관념이 좀 더 균형을 이루어야 한다고 주장한다. 먼저 이 균형이 이루어져야 아이들에게 남성뿐만 아니라 여성도 과학을 공부해서 과학 기술 분야에 이바지할 수 있음을 보여 줄 수 있다. 그래야 이 분야의 성비가 더 균형을 이룰 수 있다.

성별 불균형의 근본적 이유는 여러 가지가 있지만, 연구 결과에 따르면 어린 시절의 젠더 고정관념이 여성의 STEM 관련 직업 결정에 큰 영향을 미친다. 이것은 여성들의 느낌만은 아니다. 대학의 STEM 전공 공부에서도 남성이 여성을 무시하고 남성과 비교해서 여성을 과소평가하기 때문이다. 따라서 여성이 남성과 같은 대우를 받기 위해서는 그들보다 더 높은 점수를 받아야 한다.[25] 이처럼 여성은 남성과 동등한 대우를 받기 위해서 배로 노력해야 한다.

사회는 여성인 우리에게 정해진 역할을 전달하고 고정관념에 따른 이미지를 우리의 모습이라 여긴다. 또 다른 연구에서는 여성성에 대한 이미지가 과학자보다는 유치원 교사라는 직업에 더 가깝다는 결론을 분명하게 보여 준다.[26] 물론 유치원 교사라는 직업이 나쁜 건 아니지만, 이런 고정관념은 수많은 소녀가 자유롭게 자신을 발전시키는 데 방해가 된다.

남자아이가 여자아이보다 더 똑똑하다고?

내 친구 중에 교사 부부가 있다. 남편은 고등학교에서, 아내는 대학교에서 일한다. 내 딸이 여섯 살 때 그 사실을 알고 내게 이런 말을 했다. 당시에도 아이를 페미니즘으로 교육하고 있던 때였다. "엄마, 이상해요. 어떻게 아저씨가 아니라 아주머니가 대학교수예요? 둘이 바뀐 것 같아요." 그 말을 듣는 순간 나는 돌처럼 굳었다. 여섯 살 난 어린 딸이 남성이 여성보다 똑똑하기 때문에 더 높은 자리에 오른다고 생각하고 있었기 때문이다. 도대체 왜 이런 생각을 하게 된 걸까?

이 질문에 대한 대답은 2017년에 실시된 연구에서 찾을 수 있다. 이 연구 결과에 따르면, 여섯 살 이후 여아들은 자신들이 남아들보다 지능이 떨어진다고 느낀다.[27] 다섯 살까지는 별 차이를 못 느끼다가 여섯 살부터 남아들을 자기보다 '더 똑똑하다'고 여기기 시작한다. 이것은 여아가 자신뿐만 아니라 다른 여아들도 남성보다 덜 똑똑하다고 여길 확률이 크다는 것을 의미한다. 심지어 이 연령대의 여아들이 이미 '더 똑똑한' 남아들을 대상으로 하는 활동들을 피하기 시작한다고 주장한다. 결론적으로 여아들은 남성이 여성보다 명석하거나 천재적으로 지적 능력이 뛰어나다는 고정관념을 가지고 있음을 보여준다. 따라서 수년간은 평균적으로 여아가 남아보다 학업에서 더 뛰어나지만, 고정관념 때문에 여학생들은 장래 직업을 선택할 때 좌절을 겪게 될 것이다. 지적으로 열등하다는 생각은 학과와 직업의 선택뿐만 아니라 삶의 모든 영역에 영향을 미친다.

이런 연구를 통해 우리는 젠더의 구성이 아주 일찍부터 이루어지고, 여섯 살 이전에 여아들이 갖게 되는 '악의가 없는' 고정관념들이 남은 삶에 큰 영향을 미친다는 사실을 알 수 있다.

나는 친한 여자 친구와 일주일에 몇 번 수영을 한다. 제대로 배우기 위해 초급반부터 시작했는데 그 당시 꾸준히 속도를 유지하며 물속에서 오래 견디는 훈련을 쌓았다. 처음에는 물속에서 네 시간만 있어도 지쳤지만 조금씩 견디는 시간이 늘어났다. 그렇게 하다 보니 어느 정도 평균 수준에 도달했지만, 우리는 여전히 가장 느린 사람들이 수영하는 코스를 선택했다. 여전히 초급자라는 생각 때문이었다.

우리는 같은 코스에 있는 남자들보다 빨랐지만 스스로 특별히 잘한다고 생각하지는 않았다. 그저 그들이 아주 천천히 가고 있다고 생각했다. 그다음 날 상황도 같았다. 우리가 옆 코스의 남자들을 앞지르고 있다는 걸 깨닫기 전까지는 계속 그렇게 생각했다. 하지만 우리가 그들보다 빠르다는 사실을 깨달은 순간 우리가 고정관념 때문에 스스로를 과소평가하고 있음을 깨달았다. 우리는 단지 그들이 남자라는 이유로 더 빠를 거라고 생각하고는 우리가 빠른 코스로 올라갈 준비가 되지 않았다고 생각했다. 우리는 이런 작은 일을 통해 여성의 현실 인식에 대해 다시 생각하게 되었다.

이 이야기는 많은 여성이 평소에 어떻게 생각하고 느끼는지를 보여 준다. 우리 환경은 여성인 우리가 열등한 존재라고 느끼게 한다. 태어나면서부터 2등 시민이라는 고정관념에 사로잡히는 것이다. 실제로 우리의 발전에 영감을 주는 여성 롤모델을 거의 보지 못하고 자란다. 우리가 주로 바라보는 대상은 희생적이고 순종적인 여성들뿐이다. 그 여성들은 늘 2인자로 있거나, 눈에 띄고 싶어도 유리 천장(보이지 않는 장벽)에 억눌려 있다. 직장뿐만 아니라 삶의 모든 영역에 퍼져 있는 이런 인식을 가면 증후군imposter syndrome°이라고 부른다. 이 증후군을 겪는 여성은 자신의 성공이 능력이 아닌 꼼수 때문이고, 여성은 책임이 큰 자리에 오를 자격이 없다고 생각한다. 또한 자신이 무언가를 이루었다면 순전히 운 때문이지 능력 때문은 아니라고 생각한다.

투명 인간이 되어 버린 여성들

여성에 대한 차별은 여러 형태로 나타난다. 여성이 과학, 기술 및 인문학에 중요한 기여를 했어도 역사를 기록한 주체가 남성이고 가부장적 기준이 지배적이기 때문에 여성의 업적이 축소되어 투명 인간 취급을 받아 왔다.

문자 그대로 일부 여성들은 주변 남성들에게 실적을 도난당했다.

° 유능하고 사회적으로 인정받는 사람이 자신의 능력을 의심하며 언젠가 무능함이 밝혀지지 않을까 불안해하는 심리.

분명 무언가를 처음으로 개척한 여성도 있지만 역사는 그 이름들을 지워 버렸다. 오늘날 매일 수많은 상황에서 여성의 업적이 남성의 손에 넘어가고 그녀들의 성과가 눈에 띄지도 않게 사라지기도 한다. 역사 속에는 그런 일들이 비일비재하다.

남성에게 빼앗긴 여성의 업적들

시기	여성	업적	빼앗은 사람
17세기	바로크 시대 여성 화가 아르테미시아 젠틸레스키 Artemisia Gentileschi	피렌체의 미술 아카데미에 입학한 최초의 여성이다.	성폭행 피해 외에도 여자라는 이유로 무관심을 견뎌야 했다. 그림 중 많은 부분이 아버지나 다른 남성 예술가들의 영향 아래에 있다는 굴욕을 당했다.
1919년	물리학자 타티아나 아파나시예바Tatiana Afanasyeva	통계물리학의 기초를 연구했다.	업적이 남편인 파울 에렌페스트Paul Ehrenfest에게 돌아갔다.
1934년	병리학자 프리다 롭샤이트 로빈스Frieda Robscheit-Robbins	악성 빈혈 치료법을 발견했다.	남성 병리학자 조지 휘플George Whipple만 노벨 의학상을 받았다. 그러나 이후 불공정함을 깨닫고 그녀와 두 명의 공동 연구자와 상금을 나누었다.
1944년	화학자 리제 마이트너Lise Meitner	실험 후 핵분열 현상을 발견했다.	남성 화학자 오토 한Otto Hahn만 노벨 화학상을 받았다.
1947년	생화학자 거티 코리Gerty Cori	노벨 생리의학상을 수상했다.	대학들은 함께 일한 남편 칼 코리Carl Cori에게만 일자리를 제안했고, 그녀의 고용은 거부했다.
1974년	조셀린 벨 버넬Jocelyn Bell Burnell	박사 논문 작성 중 펄스pulse라는 전파를 발견했다.	그녀의 논문 총책임자인 앤터니 휴이시Antony Hewish만 노벨 물리학상을 받았다.
1976년	물리학자 사우 란 우Sau Lan Wu	원자 입자를 발견했다.	남성 물리학자 사무엘 팅Samuel Ting만 노벨 물리학상을 받았다.
1985년	화학자 이사벨라 헬렌 루고스키Isabella Helen Lugoski	X선 결정학을 이용해 분자의 3차원 구조를 결정하는 일련의 기술을 개발했다.	노벨 화학상은 그녀의 남편과 공동 연구자였던 허버트 하우프트먼Herbert Hauptman이 받았다.

역사에서 눈에 띄지 않게 된 여성들

시기	여성	업적
9세기	파티마 알—피흐리Fatima Al-Fihri	모로코 페즈에 세계 최초의 고등교육기관인 알 카라윈 대학을 설립했다.
16~17세기	르네상스 시대 화가 바르바라 롱기 Barbara Longhi	작품은 볼로냐 국립 미술관, 루브르 박물관, 라벤나의 미술관, 부카레스트의 국립 미술관 및 드레스덴 갤러리에서 전시되고 있다.
17세기	르네상스 시대 화가 소포니스바 안귀솔라Sofonisba Anguissola	프라도 미술관에 작품이 전시되었음에도 도록 작업은 거의 이루어지지 않았다.
19세기	영화감독 앨리스 기Alice Guy	영화에서 내레이션을 만들었고, 소리와 색조 및 특수효과로 픽션 필름을 작성하고 연출한 최초의 인물이다. 그러나 역사에 남은 사람은 남성 감독 조르주 멜리에스Georges Méliès이다.
	유전학자 네티 스티븐스Nettie Stevens	생물의 성은 특정 염색체에 따라 달라진다는 사실을 발견했다.
	에이다 러브레이스Ada Lovelace라고 알려진 오거스타 에이다 바이런 Augusta Ada Byron	컴퓨터로 처리할 수 있는 첫 번째 알고리즘을 만들었고, 컴퓨터 프로그래밍의 선구자가 되었다.
1881년	미생물학자 파니 헤세Fanny Hesse	남편인 발터 헤세Walther Hesse와 함께 미생물 재배를 위한 한천 개발에 중요한 공을 세웠다.
1891년	화학자 아그네스 포켈스Agnes Pockels	표면장력을 측정하는 정량적 방법을 발명했다.
1945년	물리학자 우젠슝Chien-Shiung Wu	맨해튼 프로젝트에서 원자폭탄 개발에 참여했지만 지명되지 않았다.
1950년	미생물학자 에스터 레더버그Esther Lederberg	유전학 분야의 선도적 연구를 주도했다.
	유전학자 로절린드 프랭클린Rosalind Franklin	DNA를 발견했다.
1960년	화학자 조이스 제이콥슨 코프먼Joyce Jacobson Kaufman	구조적 위상기하학conformational topology의 개념을 도입하고 이를 생물 의학 분자에 적용했다.
1970년	수학자 메리 윈 워너Mary Wynne Warner	대수적 위상수학의 개척자 중 한 명이다.
1971년	수학자 에르나 슈나이더 후버Erna Schneider Hoover	전산화된 전화 교환 방법을 발명하고 현재의 커뮤니케이션을 혁신했다.

사람들의 눈에 띄기 위해 남성으로 위장한 여성들

시기	여성	업적
1809년	마거릿 앤 버클리Margaret Ann Bulkley	제임스 배리James Barry라는 남성으로 위장해 살며 의학을 공부해 의사로 일했다.
1849년	세실리아 볼 데 파베르Cecilia Böhl de Faber	페르난 카바예로Fernán Caballero라는 필명을 사용했다.
1859년	메리 앤 에반스Mary Anne Evans	조지 엘리엇George Eliot이라는 필명을 사용했다.
1914년	도로시 로렌스Dorothy Lawrence	데니스 스미스Denis Smith라는 이름을 사용한 기자로 제1차 세계대전 때 입대까지 했다.
1938년	카렌 블릭센Karen Blixen	아이작 디네센Isak Dinesen이라는 필명으로 『아웃 오브 아프리카』를 출간했다.
1940년	도로시 루실 팁톤Dorothy Lucille Tipton	재즈 피아니스트이자 색소폰 연주자로, 빌리 팁톤Billy Tipton이라는 이름으로 남장을 해서 연주하고 레코드를 녹음할 수 있었다.
~현재	비르헤네스 후라다스Vírgenes juradas	알바니아의 북부에 살았고 결혼을 피하고자 남성이 되기로 해서 완전한 남성 시민권을 누렸다.

천문학자, 물리학자, 생물학자, 발명가, 연구원, 화가, 작가, 영화 제작자, 군인 등 역사 속에는 교과서나 학교, 과학 센터에서 거의 언급되지 않은 여성들로 가득하다. 자신의 성을 숨겨야 했던 여성들, 자신의 업적을 가로챈 남성들을 눈앞에서 보아야 했던 여성들이 수없이 많다. 최근까지도 여성은 위대한 남성 뒤에 있었고, 역사 속에서 그런 일화는 셀 수 없이 많다. 많은 분야의 개척자였지만 침묵했고 일과 성공을 빼앗겼다. 그렇게 역사 속에서 지워졌다.

이것은 과거의 일이 아니라 오늘날에도 이어지고 있다. 라파엘 나

달Rafael Nadal이 열 번째 롤랑가로스°에서 우승했을 때 모든 미디어는 그가 쓴 역사에 박수갈채를 보냈다. 그러나 아무도 이 상을 열 번 수상한 여성 테니스 선수 마거릿 코트Margaret Court는 기억하지 못한다. 또한 예이다에서 열린 제2회 소년 축구 경기에서 여성 축구팀이 우승했다는 사실은 잘 모른다. 만일 2016년 리우데자네이루에서 열린 올림픽 기간에 신문을 읽었다면, 여성 메달리스트에게 붙여진 제목들을 보고 분통을 터뜨렸을 것이다.∞

실제로 『해리 포터』의 저자 조앤 K. 롤링Joan. K. Rowling은 이니셜로 여성이라는 사실을 숨기라는 조언을 받았다. 『아웃사이더』의 저자 S. E. 힌튼S. E. Hinton 또한 이름에 약자를 써서 자신의 성을 숨겼다. 수많은 '익명'의 작품들에서도 저자가 여성임을 속이는 경우가 많았다. 음악 축제 포스터를 살펴보면, 연주 그룹에 여성 대표가 거의 없다는 점도 알 수 있다.

차별이 가득한 현실을 좀 더 파악하기 위해서 두 칸으로 이루어진 하나의 목록을 만들어 보길 권한다. 거기에 각자 알고 있는 여남 과학자들을 적어 보자. 이어서 여남 발명가와 댄서, 요리사, 화가, 작가, 건축가, 사업가, 음악 그룹 등도 각각 나누어 적어 보자. 분명히 여성 칸이 훨씬 더 많이 비어 있을 것이다. 여성이 인구의 절반이라는 사

---

o   프랑스 파리에서 매월 5월 말에서 6월 초에 열리는 세계 4대 테니스 대회 중 하나.
∞   남성 선수 기사에 더 많은 지면을 할애했고, 표현도 남성에게는 '빠르다', '세다', '멋지다' 등의 단어가 많이 쓰였지만, 여성에게는 '나이', '임신', '미혼' 등의 성차별적인 단어가 많이 실렸다.

실을 감안할 때, 적어도 이런 여성의 과소대표성은 매우 의심스럽다.

남자들은 왜 여자들보다 더 많은 공간을 차지할까?

우리는 원칙적으로 성별이 구별된 화장실을 제외한 나머지 공간이 여성과 남성 모두에게 똑같이 할당된다고 생각한다. 그런데 정말 그럴까? 사람마다 생각하는 개인 공간과 공동 공간, 타인의 공간이 있다. 사회적 규범에 맞게 주로 개인 생활 공간에서 움직이고, 타인의 공간에 들어가야 할 때는 정해진 규칙을 따르되 특별한 상황을 제외하고 웬만하면 타인의 공간을 침범하지 말아야 한다.

회의실을 떠올려 보자. 그곳에 들어온 한 남성이 의자에 외투를 걸쳐 놓고 다른 의자에도 자신의 물건을 둔다. 책상에는 노트북과 서류를 놓는데 그 자리는 자신에게 할당된 개인 공간을 훨씬 넘는다. 사람 자체를 영토라고 볼 때, 보통 타인의 공간을 침범하며 개인 공간을 넓혀 간다. 이런 특징이 유전적일 수도 있지만 충분히 교육을 통해 변할 수 있다. 따라서 우선 공간에 침범하는 사람이 누구인지부터 정확히 밝혀 보자.

마리나 수비라츠Marina Subirats와 암파로 토메Amparo Tomé는 저서 『책임 회피: 공동 교육 공간 재건Balones fuera: reconstruir los espacios desde la coeducación』에서 이 내용을 언급했다. 그들은 혼성 교육 센터에서 아이들이 공간을 차지하는 방식을 평가하기 위해 일련의 실험을 수행했다.

먼저 아이들을 테이블에 앉히고, 실험하는 일정 시간 동안 비디오로 각 테이블을 녹화했다. 처음에는 전혀 눈에 띄는 사항이 없이 여아와 남아가 똑같이 공간을 공유했다. 그러나 조금씩 시간이 흐르자 남아가 여아의 공간을 차지하기 시작했다. 연구자들은 서로에게 할당된 공간의 예상 범위를 그렸는데, 모든 경우에서 남아가 여아의 공간을 침범했고, 여아들은 자신의 공간을 그들에게 내주었다. 이 실험을 통해 남아가 여아의 소리 공간도 침범한다는 사실을 확인했다(크로노미터로 측정했다). 물론 모든 남아가 소리를 지르고 모든 여아가 조용히 속삭이는 건 아니었지만, 다양한 연령대의 아이들과 다양한 공간에서 실험할 때마다 남아가 소리 지르는 비율이 훨씬 더 높게 나타났다. 따라서 소리 공간 역시 남아가 더 많이 침범한다는 결론을 내렸다.

아이들이 어떻게 공간을 차지하는지 평가하기 위해 실험 장소를 테이블에서 교실 전체로 확장했다. 물론 결과는 예상한 대로였다. 남아들은 여아들보다 훨씬 더 많은 공간을 차지하면서 교실 전체로 더 넓게 움직이고 공간을 채워 나갔다. 남아들은 교실 한쪽 끝에서 다른 쪽 끝으로 이동했다. 그러나 여아들은 필요한 곳으로 직접 이동했다가 다시 자기 자리로 돌아왔다.

다시 운동장에서 똑같은 실험을 하자, 역시 남아들이 압도적으로 공간을 더 차지한다는 결론이 나왔다. 운동장은 아이들이 자신을 자유롭게 표현하는 유일한 공간이므로 더 객관적으로 대인 관계를 관찰할 수 있다. 두 연구가는 이 실험을 통해 성차별과 불평등이 훨씬 더 분명하게 나타난다는 결론을 내렸다. 공간이나 자원이 동등하게 분배되지 않기 때문이다. 두 사람의 분석에 따르면, 운동장에서 뚜렷한 불공정과 불공평이 나타났다. 이 사실은 누구라도 학교 운동장에 가면 직접 확인해 볼 수 있을 것이다.

✱ 운동 경기를 할 수 있는 운동장에서 여아들은 구석을 차지하는 반면, 남아들은 중앙을 차지한다.

✱ 이 불균형은 나이가 많아질수록 커진다. 초기 단계에서는 공간 분배와 놀이가 평등한데, 성장함에 따라 구분이 훨씬 더 분명해진다. 고학년의 경우, 남아들이 운동장 중앙에서 공놀이를 하고 여아들은 모퉁이에서 고무줄놀이를 하는 모습을 자주 보게 된다. 가장 우려되는 사실은 여아들이 고무줄놀이를 하는 공간을 남아들이 뺏으려고 하면, 남아들에게 꼭 필요한 공간이 아니더라도 여아들이 순순히 공간을 내준다는 점이다. 결국 학년이 높을수록 여아들은 운동장 전체는 포기한 채 난간에서 이야기하며 시간을 보내고, 남아들은 운동장 전체를 차지하며 공을 찬다.

✱ 여아들은 자신을 소외시키는 경향이 있어서 남아들과 함께하는 특정 놀이에는 참여하지 않는다.

✱ 놀이는 성별에 따라 분명하게 나뉠 뿐만 아니라 각각 제도적, 사회적 가치도 다르다. 예를 들어, 축구는 고무줄놀이보다 사회적으로 훨씬 더 중요한 운동이다. 부모들, 특히 아버지들이 축구 시합에 더 많이 참여한다. 주말에 축구 챔피언십 경기가 열리면 모든 가족이 아들의 경기를 보러 간다. 심지어 방과 후에도 아버지는 아들과 축구를 하며 시간을 보낸다. 물론 여아들은 줄넘기를 하거나 물구나무서기나 달리기를 할 수 있다. 그러나 그것은 남아들이 선

택한 스포츠나 축구만큼 중요하지는 않은 부수적인 활동에 불과하다.

물론 남아들이 하는 놀이에 더 넓은 공간이 필요하다고 생각할 수도 있다. 축구를 하려면 운동장이 필요하고, 물구나무서기를 하려면 벽만 있어도 된다. 그런데 왜 남아들은 축구를 하고 여아들은 물구나무서기나 해야 할까?

이것은 유전적인 게 아니다. 남성이 생물학적으로 더 많은 공간이 필요한 것도 아니고, 축구를 해야 하는 것도 아니다. 특별히 그런 필요를 갖고 태어나지도 않았다. 더 많은 스포츠를 하고 더 많이 움직여야 할 필요도 없다. 내 딸들에게도 운동이 필요하고, 그 아이들은 하루에도 몇 번이나 물구나무를 서거나 공중제비 돌기를 하고 트램펄린에서 뛰거나 달리기를 하며 보낸다. 이것 또한 젠더의 사회적 구성물이다. 태어나는 순간부터 아이들은 정해진 대로 상호작용하고 공간을 비롯해 자신들이 가진 것이나 권리를 알 수 있도록 속성 단기 수업(성별로 다른 장난감, 게임, 색깔, 교육)을 듣는다.

모든 장소에서 담배를 피울 수 있었던 때를 기억하는가? 그때 사람들은 어디에서나 담배를 피웠고, 아무렇지도 않게 비흡연자들에게 피해를 주었다. 그 공간이 자신만의 공간이 아니라는 사실을 인식하는 사람들이 많지 않았다. 법으로 공공장소 흡연을 금지한 이래로 사람들은 이런 사실을 훨씬 더 많이 인식하고 과거의 일을 잘못이라고 여긴다. 이처럼 사람들은 자신의 공간을 인식하지 못할 때도 있다. 그 일이 무엇을 의미하며 누가 어떻게 그곳을 차지하고 있는지 깨달기 전까지는 누가 그 공간을 차지하고 있었는지도 모른다.

어른들의 세계에서 남성의 공간 침입에 대해 표현하는 말 중 '맨스프레딩mansprading(쩍벌남)'이라는 단어가 있다. 또 '맨스플레이닝 mansplaining'이나 '맨터럽팅manterrupting'이라는 표현도 있다. 이 용어들은 페미니즘 이론에서 남성이 여성의 공간(물리적 공간, 언어적 공간, 지식적 공간)을 어떻게 빼앗는지를 설명하기 위해 다양하게 사용된다.

맨스프레딩은 남성이 타인의 물리적 공간을 빼앗는 것이다. 예를 들어, 자리에 앉을 때 다리를 벌리고 앉음으로써 여성의 공간을 뺏는다. 뉴욕 지하철에서는 남자들에게 타인의 공간을 빼앗지 말라고 요구하는 캠페인이 벌어졌다. 이 캠페인은 일본, 오스트레일리아, 마드리드에까지 퍼졌다. 우리는 남성이 이런 행동을 어디서 배웠는지 알고 있다. 어린 시절부터 그들은 공간이 그들만의 것이라 생각하고, 여성의 공간을 빼앗으면서까지 공간을 확보했다(실험 테이블이나 학교 운동장을 떠올려 보자).

맨스플레이닝은 여성 작가 리베카 솔닛Rebecca Solnit이 자신의 책 『남자들은 자꾸 나를 가르치려 든다』에서 분명하게 보여 준다. 남성은 과신과 무지 때문에 여성이 훨씬 더 잘 알고 있는 문제도 설명하려고 든다. 솔닛은 토론 주제에 대해 거의 모르는 남성들이 대화에서 그 주제를 잘 알고 있는 여성 전문가들을 어떻게 침묵하게 하고 그녀들의 지식을 무시하는지 설명한다. 그녀 또한 남성들이 그녀의 전문 분야를 가르치려고 하거나, 그녀가 쓴 책인지도 모른 채 그녀의 글을 인용하는 모습을 조용히 보고 있을 수밖에 없었다.

맨터럽팅은 셰릴 샌드버그Sheryl Sandberg와 애덤 그랜트Adam Grant
가 실시한 「왜 여성들은 직장에서 조용히 지내는가」라는 연구에서 사
용된 용어이다. 이 연구에서는 보통 남성이 남의 말을 더 가로챈다는
사실이 밝혀졌다. 특히 여성을 상대로 할 때 더 그랬다. 이것은 분명히
여성으로 하여금 남성이 차지하는 사회적 공간, 예를 들어 직장이나
정치 고위층, 권력의 지위와 같은 많은 자리에 개입하지 못하게 한다.

세계의 여성들이 겪는 불평등

세계의 여성들(아이와 성인 모두)은 여전히 부당하고 불리한 상황에
처해있다. 다음은 유니세프, 국제사면위원회, 유럽통계청, 유엔여성
기구에서 세계의 여성들에 대해 남긴 일반적인 자료들이다.

* 전 세계에 8억 7,500만 명의 문맹자가 있는데, 3명 중 2명이 여성이다.
* 개발도상국(중국 제외)에 사는 여아의 절반은 20세가 되면 결혼한다.
* 전 세계 여성 3명 중 1명은 젠더 폭력°으로 목숨을 잃을 뻔했다. 이 폭력의
  가해자는 주로 가족이었다. 유럽에서는 여성 5명 중 1명이 가정 폭력을 경
  험했다.
* 에이즈를 겪는 전체 성인의 3분의 1은 25세 미만이며, 그중 3분의 2가 여
  성이다.

○　생물학적 성폭력을 넘어서 성불평등 때문에 발생하는 모든 폭력을 일컫는다.

✽ 사하라 이남의 아프리카 지역에서 여아는 남아보다 더 빨리 에이즈에 걸린다. 15~24세에서 남아 1명당 여아 2명이 감염된다.

✽ 13~18세 여아들은 매춘 사업의 가장 큰 주축을 이룬다. 매년 18세 미만의 소녀 약 50만 명이 성매매 피해자로 추산된다.

✽ 여성 성기 절단은 전 세계 1억 3,000만 명의 여성에게 영향을 미치고, 매년 200만 명의 여성이 이 위험에 노출되어 있다.

✽ 전 세계 인구의 39퍼센트는 낙태를 완전히 금지하거나 혹은 여성의 생명이나 건강이 위험할 때만 허용하는 나라에 살고 있다.

✽ 수년간 감옥에 투옥된 여성들은 자연 유산을 경험한다. 이런 일이 엘살바도르, 니카라과, 미국에서 일어났다.

✽ 페미니스트 집단은 부부강간죄의 법적 인정을 위해 거의 지난 세기 내내 싸워야 했다. 1993년 마침내 유엔은 부부강간죄를 인권 침해로 선언했다. 그러나 일부 국가에서는 성관계가 여전히 결혼의 의무로 간주된다.

✽ 소녀들은 여전히 강제 결혼을 강요당한다. 현재 7억 명 이상의 여성이 18세 이전에 결혼하고, 이들 가운데 3명 중 1명이 15세 이전에 결혼한다.

✽ 일부 문화권에서는 남아 선호도가 높아서 태아의 성별 검사가 이루어지고, 그 결과 여아 살해가 발생한다.

✽ 개발도상국에서 매일 1,400명의 여성이 99퍼센트 임신과 관련된 원인으로 사망한다.

✽ 사하라 이남의 아프리카 지역에서 여성 3명 중 1명이 출산 중 사망한다. 선진국에서는 4,085명당 1명이다.

✽ 개발도상국에서 직접적인 산부인과적 원인으로 사망한 사람은 모든 가임

기 여성 사망자의 약 75퍼센트를 차지한다.

✱ 전쟁 갈등이나 자연재해로 여성은 폭력과 극단적 성적 학대 위험에 처한다.

✱ 성폭력은 전 세계 여성에게 매일 벌어진다. 유럽연합 공식 통계 기구인 유럽통계청에는 유럽에 있는 여성 2명 중 1명이 성희롱에 시달린 것으로 보고되었다. 유엔의 조사에 따르면, 영국 런던의 젊은 여성들 중 43퍼센트가 거리에서 성희롱을 경험했다. 유엔은 파푸아뉴기니 포트모르즈비의 여성들(아이 포함) 중 90퍼센트가 성폭력을 겪었다는 결론을 내렸다.

✱ 사우디아라비아처럼 여성에게 시민권에 관한 기본 권리가 없는 국가도 있다. 그들은 남성 의사의 진찰을 받을 수 없고, 공부도 하지 못하고(즉 여성을 치료할 여성 의사도 없을 것이다), 거리에 혼자 나갈 수도 없다. 또한 은행 계좌도 못 만들고 운전을 할 수도 없으며, 그 밖에도 수많은 일에서 제약을 받는다.

오늘날에는 의학이 매우 발전하여 많은 질병을 통제한다. 그러나 충분히 연구되지 않은 질병도 많은데, 그중에는 전형적인 여성 질병들이 많다. 임신오조(임신 초기의 극심한 구토와 메스꺼움 증상)는 임신부들에게 영향을 주는 질병으로 지속적인 구토와 현기증을 동반한다. 이것은 단순한 입덧이 아니라 분명한 질병이며 임신한 여성의 0.3~2.3퍼센트가 앓고 있다.[28] 이 병을 겪는 여성들은 자신들의 고통을 다른 이들에게 이해받지 못한다고 느낀다. 주변 사람들(많은 의사들 포함)은 여성들이 단순한 메스꺼움 증상을 과장되게 말한다고 여기기 때문이다. 또 자궁내막증은 여성의 10퍼센트가 겪는 질병인데도 거의 알려져 있지 않거나 정확한 진단이 내려지지 않는다. 이 병을 앓는 여성들은 매우 심한 고통을 겪지만, 이 병에 대한 연구는 거의 이루어지지 않았다. 최소 진단만 될 뿐 연구가 덜 된, 통제할 수 없는 여성 질병의 하나일 뿐이다.

여성 피임약에서 부작용이 나타났다는 이유로 남성 피임약이 시장에서 회수되거나, 발기 부전을 겪는 단 1퍼센트의 남성을 위해 약이 만들어진 것을 생각해 본다면, 의학 분야에서도 성별에 따른 커다란 차별이 있음을 분명히 알 수 있다.

여성이 겪는 불평등과 차별들

이론적으로 스페인은 여성이 누리는 권리 측면에서 선진국으로 알려져 있다. 그러나 해결해야 할 명백한 사회적 불평등이 많다. 그 중 일부는 사회에서 인식조차도 하지 못하는데, 이것을 '극소남성우월주의'라고 부른다. 여기에서 '극소micro'는 남성우월주의가 적다는 게 아니라 사람들이 거의 인식하지 못한다는 의미이다. 극소남성우월주의는 가령 교사가 남학생에게 더 많은 관심을 갖고 수업 중에 더 많은 발언권을 주거나, 여자, 남자 간의 다른 행동을 지적하고 언어적으로 여성을 차별하는 등 뚜렷이 평가할 수 없을 정도로 사소하게 나타나는 불공평한 모습들이다.[29] 우리 딸들도 이미 학교에서 이런 불평등을 겪고 있고, 앞으로 더 본격적인 장애물들이 나타날 것이다.

영국 작가 버지니아 울프는 독립적인 여성이 되기 위해서는 돈과 자기만의 방이 필요하다고 했다. 백 번 동의하는 말이다. 직업이 주요 소득과 사회 복지의 주요 원천이 아닌 세상에서 산다면 그보다 좋은 일은 없겠지만, 그런 날이 오더라도 모든 사람이 동등한 일자리 기회를 얻어야 한다.

주변의 많은 여성은 대부분 가정에서 다양하고 분명한 남성우월주의를 경험하지만, 직장에서 남성우월주의로 불공평한 대우를 받을 때 비로소 페미니스트가 되었다. 집 안에서 남성은 대부분 소파에서 일어나지 않지만, 여성은 음식을 하고 식탁을 정리하고 집 안 모든 일을 하면서 뭔가를 스스로 결정할 시간이 없다는 것조차 인식하지 못한다. 그러나 직장에 오면 그런 일이 불공평하다는 사실을 깨닫게 된다.

내 친구는 우리나라의 가장 영향력 있는 미디어 그룹 중 한 곳에 소속된 주요 잡지사의 이사이다. 그녀는 미디어의 총책임자와 부국장이 그녀와 함께 같은 미디어 계열사의 다른 세 여성 이사를 회의에 불러 놓고 공동 프로젝트를 설명하던 일화를 내게 들려주었다. 네 명의 여성 이사가 그들에게 프로젝트가 어떻게 진행되고 있는지 설명하는 동안 총책임자는 말 그대로 고개를 의자에 기대고 코를 골고 있었고, 부국장은 마치 놀이동산에 온 사람처럼 회전의자를 빙빙 돌리면서 제자리로 돌아올 때마다 질문을 했다. 그 모습에 친구를 포함한 이사들의 얼굴은 돌처럼 굳었다. 내 친구는 만일 이사들이 남성이었다면 절대 이런 일이 벌어질 수 없다는 사실을 잘 알고 있었다.

또 다른 친구는 유명한 다국적 기업의 커뮤니케이션 및 마케팅 부서 이사이다. 그녀 또한 남성끼리 쳐다보며 하는 회의를 하고 있다고 했다. 심지어 그 남성들은 직급이 더 낮다. 그들은 보통 끝인사를 할 때만 그녀를 쳐다보고, 비서에게 시켜 서류들을 넘겨주라고 한다.

또 다른 친구는 아이가 셋인데, 계속 출장을 가야 하는 패션 회사에서 일하고 있다. 그녀의 일정은 아주 빡빡하다. 그래서 10년 동안 일하면서 딱 하루만 업무 시간 전에 퇴근했다고 했다. 그것도 딸들이 수두에 걸렸을 때였다. 그녀는 직장 상사들이 승진 결정을 할 때 끊임없이 아이들의 상황과 상태를 점검한다고 했다. 나와 함께 있을 때는 세 아이의 육아가 많이 힘들다고 하소연하지만, 직장에서는 이에 대해 한마디도 하지 않으며, 특히 연봉 협상을 할 때는 더 조심한다. 이와 관련해 많은 여성이 직장에서 조건이나 제안을 협상할 때 큰 차별을 당한다는 사실에 동의한다.

여성들은 보통 자기 목소리를 높이기 위해서는 남성보다 두 배로 노력해야 하고, 내용을 이해시키기 위해서도 더 많이 증명하고 보여주어야 한다고 느낀다. 나는 사람이 꼭 직업이 있어야 발전하는 건 아니라고 생각한다. 삶의 모든 영역에서 최선을 다하고 발전할 수 있다. 그러나 여성이 특정 분야에서 차별을 당하거나 제한을 받는다는 사실을 미리 알게 되면, 여성들 스스로 야망을 품는 데 영향을 받을 수밖에 없고 발전에도 전혀 도움이 되지 않는다.

여성과 남성의 고용 가능성과 임금 격차

첫 딸을 출산한 후 편집자를 찾던 현대 미술 관련 출판사에 면접을 보러 간 적이 있다. 전에 다른 출판사에서 비슷한 직급으로 일했기 때문에 대표가 도착하기 전까지는 상사가 될 팀장과의 면접이 어느 정도 잘 진행되었다. 이후 대표가 나에게 처음으로 한 질문은 결혼 여부와 자녀의 유무였다. 나는 조금 당황했지만 딸이 있다고 대답했다. 그러자 곧바로 아이의 나이를 물어서 한 살이라고 대답했다. 그는 필요할 때 밤 9시 30분까지는 일할 수 있는 사람을 찾고 있기 때문에 그 일이 내게 맞지 않는 것 같다고 했다. 내가 일에 얼마나 관심이 있는지에 대해서는 말할 틈도 주지 않았다(그는 내게 딸이 있건 없건 나 자체에 관심이 없는 사람이었을 가능성이 높다).

그것이 그 면접의 끝이었다. 어떤 친구들은 면접에서 임신 가능성에 대한 질문도 받았고, 임신한다면 일을 잘 못할 테니 임금을 줄이겠다는 말도 들었다고 한다. 여성이나 남성이나 사생활과 직장 생활을 조화롭게 할 수 없으면 일상생활이 매우 어려워진다(그리고 이 문제는 다른 무엇보다도 정치 체제나 현행 법규와 관련 있다.). 그러나 보통은 여성이 더 많은 희생을 치르고 장기적으로는 손해를 본다. 나는 나중에 이런 일들 때문에 사직서를 낸 것을 후회하는 여성들을 많이 보았다. 당시의 결정으로 현재 자신의 경제적 수준이 배우자의 경제적 수준보다 훨씬 낮다는 사실을 깨닫기 때문이다.

여성은 일할 때, 특히 승진할 때마다 어머니라는 것이 마음의 짐이 되고, 이것은 여성의 사회적 이미지에 매우 부정적인 영향을 끼친다.

❋ 스페인에서 여성과 남성의 임금 격차는 14.9퍼센트이다.[30] 즉 같은 직무, 같은 직급에서 여성이 남성보다 14.9퍼센트 더 낮은 임금을 받는다.

❋ 파트타임 계약직은 대부분 여성이고, 반대로 정규직 대부분은 남성이다. 201만 4,000명의 여성(72.17퍼센트)과 77만 6,500명의 남성(27.83퍼센트)이 파트타임으로 일하고, 922만 4,300명의 남성(59.32퍼센트)과 여성 632만 6,800명(40.68퍼센트)이 정규직으로 일한다.

❋ 스페인의 자영업자 중 여성은 112만 6,687명. 남성은 206만 4,607명이다. 전국 자영업자노동조합의 자료에 따르면 여성은 전체의 35.3퍼센트를 차지한다.

❋ 스페인의 중간 관리자 중 여성은 37퍼센트를 차지한다. 여성 상사 숫자는 유럽 평균 수치이다.

❋ 관리직 여성은 11.8퍼센트에 불과하다.

애덤 스미스의 식사는 누가 차렸나

실비아 페데리치Silvia Federici가 말했듯, 국가는 남성에게 임금을 통해 가사 노동을 하는 여성을 통제할 능력을 주었다. 국가가 일을 조직할 때 생산적인 일(수익이 있다는 이유만으로)과 번식의 일(집안일, 육아)로 나눈다. 물론 무급 노동은 여성이 남성보다 훨씬 더 많이 한다. 카트리네 마르살Katrine Marçal이 설명한 것처럼, 자본주의의 아버지인 애덤 스미스Adam Smith는 어머니 마거릿 더글러스Margaret Douglas와 함께 살았다.[31] 그녀는 매일 아들의 식사며 집 안 청소, 정리를 도맡아 했다. 덕분에 그녀의 아들은 경제 이론 개발에 몰두할 수 있었다. 그러나 그는 현대 경제의 토대를 세우는 연구를 하면서 어머니와 이 세상의 모든 여성을 잊었다. 전 세계 여성들이 매일 하는 가사 노동을 고려하지 않았기 때문이다.

* 여전히 여성의 가사 노동 시간은 남성의 2배이다. 스페인 통계청이 실시한 시간 사용에 대한 최근 조사에 따르면 가사 노동에 여성이 4시간 4분을 쓰는 반면, 남성은 2시간 10분을 쓴다.
* 응용경제학 연구재단의 최근 연구에서는 가사 노동 시간의 약 70퍼센트는 여성의 몫이라는 결과가 나왔다.

여성의 빈곤화

스페인에서 사회적 도움이 필요한 사람들은 주로 36~50세의 여성들로, 초등 교육만 받았고 부양할 자녀가 있어도 직업이 없거나 월 소득 수준이 평균 300~500유로 정도였다.[32] 근로 연령 여성의 32.2퍼센트가 빈곤하거나 사회의 소외 계층이다. 이 수치는 주로 장기 실업자로 학업을 제대로 마치지 못하고 혼자 가족을 부양하는 16~29세 젊은 여성들과 연관이 있다.

성폭행의 피해자

스페인에서는 8시간마다 여성 1명이 강간당하고 1시간 30분마다 성폭력을 당한다. 매일 미성년자에 대한 성폭력 사건이 10건씩 접수된다. 그리고 이 모든 폭행과 강간의 가해자는 남성이다.

산부인과 의료폭력

내가 첫 딸을 임신하기 전에 로사 몬테로Rosa Montero의 기사 「출산의 재앙」을 읽은 것은 행운이었다. 그 덕분에 '출산은 우리의 것' 협회를 알게 되었고, 스페인에서 출산이 어떻게 이루어지는지도 알게 되었다. 나는 산부인과 의료폭력과 관련해 출산에 불필요한 과정 중 하나인 회음절개를 피하고 존중받는 출산을 하기 위해 두 번이나 기존의 전통 의료 시스템을 떠나야 했다. 첫 딸의 출산 당시 담당 산부인과 의사는 41주째가 되어도 출산 기미가 보이지 않자 바로 제왕절개 날짜를 잡았다. 그러나 '출산은 우리의 것' 협회의 조산사 덕분에 내 딸은 41주 5일째 되는 날, 목에 탯줄이 두 번 감긴 채, 회음절개 없이 자연분만으로 태어났다.

둘째 딸은 몸무게가 4.3킬로그램 정도였다. 담당 의사는 분만일이 가까워 오자 회음절개가 꼭 필요하다고 했다. 그러나 다행히도 자연주의 출산°을 하는 산부인과 의사를 만나 회음절개 없이 목에 탯줄이 한 번 감긴 채로 아이는 태어났다. 모든 과정이 아무 문제 없이 깔끔

○   불필요하거나 과도한 약물 사용, 관행적인 의료 개입을 지양하는 존중받는 출산 방식을 뜻한다.

하게 이루어졌다.

내가 첫아이를 낳기 몇 달 전에 친구가 첫딸을 먼저 출산했다. 겸자 분만°으로 출산했고 친구의 몸엔 피부 안팎으로 스무 바늘 정도 꿰맨 흔적이 남았다. 6개월간 제대로 앉아 있을 수도 없었다. 그 외의 일은 굳이 말하지 않아도 될 것 같다. 내 경험을 들은 친구는 둘째 아들을 출산할 때는 자연주의 산부인과와 함께 존중받는 출산을 하고 싶다고 했다. 그녀가 경막 외 마취를 거부하자 담당 조산사는 "자궁문이 8센티미터 이상 열리게 되면 분명 마취제를 달라고 애원할 텐데, 그때는 저도 어쩔 수 없어요."라고 단호하게 말했다. 그러나 내 친구는 아무 문제 없이 출산했다.

스페인 영화감독 이시아르 보야인Icíar Bollaín은 세 번의 출산 과정에서 비슷한 상황을 경험했다. 그리고 그 경험을 바탕으로 이보네 올자Ibone Olza가 쓴 『출산하다: 출산의 힘Parir: el poder del parto』의 서문을 썼다. 그녀는 첫 번째 출산 후 느낀 점을 이렇게 썼다.

루카스는 4시간도 채 안 되어 자연분만으로 태어났다. 나는 통증이 매우 심했지만 감당할 수 있을 것 같아서 경막 외 마취를 하지 않았다. 내가 감당할 만하다고 예상한 것이 그나마 내가 받은 유일한 대우였다. 장장 4시간 동안 면도와 관장, 유도 분만, 회음절개가 이루어졌고, 마지막에 질 분만이 이루어졌다. 모든 과정이 매우 고통스러웠지만, 아무도 내게 이 과정에 대해 미리

◦ 태아가 잘 나오지 못하면 큰 집게로 머리를 집어서 잡아당기는 분만 방법이다.

설명하거나 알려 주지 않았다.

'출산은 우리의 것' 협회는 산부인과 의료폭력을 이렇게 설명한다. "의료 행위자들이 출산 과정과 신체를 점령하는 젠더 폭력은 비인간적인 계급적 대우와 자연스러운 출산 과정에 투여하는 과도한 약물과 의료 행위 남용으로 나타난다. 이 과정은 여성의 삶에 부정적 영향을 끼치며, 그 결과 신체와 성에 대한 여성의 자유로운 결정 능력과 자율성이 상실된다."

세계보건기구WHO의 모자보건부 부대표인 마스든 와그너Marsden Wagner는 회음절개를 서양식 절개라고 말한다. 여성은 산부인과 의료폭력에 이미 익숙해졌고 회음절개가 출산에 꼭 '필요하다'고 생각한다. 아기가 나오기 어렵거나 탯줄을 감고 있거나 고통을 느끼기 때문이다(전문가들은 회음절개를 한다고 해서 이런 일들이 해결되는 건 아니라고 설명한다). 하지만 이런 불필요한 수술을 하고 몇 년이 지나도 많은 여성이 여전히 그 절개의 흔적을 느낀다고 했다. 여성들은 세계보건기구가 이 수술을 필수로 권장하지 않는다는 사실을 알아야 한다. 그런데도 스페인 출산 과정의 89퍼센트에서 이 수술이 이루어진다.

우리 사회의 많은 여성들은 당연히 회음절개가 필요하다고 생각한다. 회음절개의 부작용에 대한 분명한 과학적 증거(의학저널 『란셋 The Lancet』의 「회음절개: 생식기 절단의 한 형태」)를 말해 주어도 출산 시 회음부의 과도한 손상을 막기 위해서는 수술을 해야 한다고 여긴다. 브리티시 컬럼비아 여성 병원 및 보건센터 소속 연구원인 의사 마이

클 C. 클라인Michael C. Klein은 『뉴욕 타임스』에 낸 기사에서 "우리는 1920년부터 쭉 산모들의 회음절개를 했는데 사실 그 수술의 과학적 근거는 부족하다."라고 고백했다.

남성우월주의 폭력

유엔여성기구는 "여성에 대한 폭력의 원인은 오랫동안 이어진 성차별과 사회 규범, 젠더 고정관념 때문이다. (…) 양성 존중과 양성평등 관계를 촉진하는 교육은 생의 첫 단계에서 시작되어야 한다. 청소년 및 청년들과 함께하는 조기 교육은 성폭력의 신속하고 지속적인 예방과 근절을 위한 최선의 방법이다."라고 설명한다.

최근 몇 년간 남성우월주의 폭력의 수치는 거의 변하지 않았다. 스페인에서는 여전히 연간 60건의 남성우월주의 살인 사건이 발생하고 있다. 피해를 입은 여성의 28퍼센트만이 가해자를 신고했고, 약 68퍼센트는 신고하지 않았다.

페미니스트 단체들의 자료를 보면, 남성우월주의적 살인에 대한 공식 집계에 포함되지 않는 내용이 많다는 것을 알 수 있다. 지인 간 여성 살인, 지인 아닌 관계에서 발생한 여성 살인, 여아 살인, 가족 간 여성 살인, 매춘에 의한 여성 살인, 강도 또는 공동체 폭력으로 인한 여성 살인, 충분한 자료가 수집되지 않은 여성 살인, 경제적 이유의 폭력으로 인한 여성 살인 및 그 외 분명치 않은 자료에서 보이는 살인들이 여기에 포함되어야 한다.

학대자와 살인자 중에는 본모습과는 전혀 다른 사회적 이미지를 보여 주는 사람들이 많다. 집 밖에서는 예의 있고 친절하며, 쾌활하고 매혹적이고 존경할 만한 사람으로 평가되기도 한다. 보통 희생자들은 이전에 학대당한 경험이 있고 자존감이 낮으며, 정서적 또는 경제적으로 의존적이고 가족의 지원이 부족할 가능성이 높다.[33] 확실한 자료에 따르면 2009년에서 2015년 사이에 일어난 남성우월주의 폭력 혐의 신고 중 단 0.0075퍼센트만이 사실이 아닌 것으로 드러났다.[34]

이것이 바로 스페인에서 일어나는 평등의 실태이다. 이래도 계속 페미니즘이 필요 없다고 생각해야 할까?

진정한 선택의 자유를 위하여

나는 반평생 다이어트를 하고 있다. 서른이 될 때까지 5킬로그램을 빼기 위해 다이어트를 했지만, 임신하면서 다시 15킬로그램이 늘었고, 아이를 낳고 나서 또 5킬로그램이 불었다. 물론 몸이 어떻든 별로 신경 쓰지 않는 여성들도 있다. 용감한 그들은 존경받아 마땅하다. 사회의 온갖 시험을 이겨 냈기 때문이다. 나는 날씬해 보이고 싶은 욕구가 여성들이 받는 압박의 결과라는 것을 너무나 잘 알고 있지만, 여전히 살과의 전쟁을 계속하고 있다. 사람들 마음속에 있는 불일치의 모습 중 하나이다. 이런 일을 겪다 보면 페미니즘에 대한 질문을 많이 하게 된다. 분명 나 혼자만의 생각은 아닐 것이기에 독자들에게도 질문들을 던져 보려 한다.

이것은 매우 복잡한 주제이다. 미리 말하지만 좀 더 극단으로 몰아갈 것이다. 그러나 내가 쓰는 이 책에서 이런 질문은 기본이다. 페미니즘 교육에는 이런 접근법이 포함되기 때문이다.

철학자이자 페미니스트인 아나 데 미겔의 『성적 신자유주의: 자유 선택의 신화El neoliberalismo sexual: el mito de la libre elección』에서는 '평등이 이루어졌다.'는 확신이 얼마나 손해이고 퇴보를 낳는지 설명한다. 그녀는 오늘날 계속 이어지는 성차별은 위험한 '자유 선택'에 의해 정당화된다고 했다. 그녀는 여성이 자유롭게 선택할 수 있다는 사실 자체를 의심한다. 앞에서 이야기했던 것처럼, 여아는 태어나면서부터 여아로 만들어진다. 이름에 아버지 성이 붙고 분홍색 옷을 입는다. 발레를 배우고 난 후에는 피아노와 그림을 배운다. 그리고 공주 그림이 있는 큰 케이크를 놓고 분홍색과 보라색 풍선을 달고 생일 파티를 한다. 여아의 문화적 배경은 왕자에게 구출되는 순종적이고 아름다운 공주들이 등장하는 디즈니 영화들 또는 반짝거리는 동화책 속 여자들의 이야기이다. 그런데 아이들이 자라고 나면 어른들은 외모나 낭만적인 사랑에 집착하지 말고 자기 자신을 생각하며 유망한 직업을 선택하라고 한다. 어릴 때부터 이런 것들을 보고 배운 여아들이 과연 '자유롭게' 무언가를 선택할 수 있을까?

페미니즘에서 가장 중요한 것은 여성의 자유를 보호하는 일이다. 어떤 여성이 되고 싶은지 스스로 선택할 수 있는 자유 말이다. 그러나 일부 페미니즘은 가부장제 속에서 고정관념과 불평등이 계속되기 때문에 여성이 자유롭게 결정하기는 어렵다고 문제를 제기하기도 한다. 남성우월주의가 여성을 압박해도 여성인 우리가 그 사실을 인식조차 하지 못하고, 그 결과 진정한 자유를 행사할 수 없을 것 같기 때문이다.

한편 여성의 자유가 남성우월주의적 역할을 유지하는 데 이용되기 때문에 위험하다고 여기는 페미니즘 사조도 있다. 그러나 정말 여성이 자유롭다면, 자신을 사물화하고 매춘을 하거나 타인에게 자궁을 빌려주거나 잡지에 누드로 실리는 것도 우리 여성의 모습임을 분명히 깨달아야 한다. 직장을 그만두고 집에서 아이들을 돌보고 집 안 청소를 하며 아이들이 3살이 될 때까지 경제적 독립을 포기하기로 결정하는 사람도 우리 자신이다. 더 날씬해지기 위해서 다이어트를 하거나 수도원에 들어가 수녀가 되거나 아이라인을 그리고 하이힐을 신고 히잡을 쓰는 것도 모두 여성의 선택이 된다. 여성은 자유롭게 결정을 내리고 누구의 판단도 받지 말아야 한다. 그런데 이런 선택이 과연 자유로운 선택인 걸까? 여성들은 무슨 기준으로 선택을 하는 걸까?

사회는 끊임없이 여성에게 따라야 할 행동 모델 및 미적 기준을 제시한다. 따라서 집단적 상상력, 광고 및 미디어도 이에 대한 분명한 책임이 있다. 여성이 미의 기준 속에 갇혀 있고 그 기준을 따라야 한다고 생각하기 때문이다. 물론 나중에는 어떻게 그것을 활용할지 스스로 결정하게 된다. 그러나 우리는 미의 기준들이 강력한 가부장적 통제의 형태이고 여성들에게 수많은 불안(거식증, 폭식증, 우울증 등을 포함한 질병)을 준다는 사실을 알아야 한다.

이제 자기 평가를 위한 질문을 몇 개 해 볼 것이다. 정말 여성이 자기 신체와 삶의 방식 또는 자유의 형태를 '자유롭게' 결정하고 있다고 확신하는가? 가부장제 속에서 '반자유semi-freedom'를 선택할 수도 있지 않을까? 과연 페미니즘의 발전을 저해하는 사회적 역할을 어느 정도까지 유지했을 때 불공평해 보이는 걸까?

여성은 각자 어떤 형태의 페미니즘을 발전시키고 싶은지 정하되 자기 상황에 맞게 결정해야 한다. 소녀가 히잡을 쓰지 못하게 막는 것이 여성에게 공평한 일일까? 오히려 이것이 고정관념에 따라 말하는 것보다 더 심한 강요는 아닐까?

아이를 포함한 모든 여성은 자신이 자유로울지, 독립적일지, 의존적일지 또는 소비의 대상이 될지 모두 스스로 결정해야 한다. 따라서 우리는 자녀들이 페미니즘, 즉 자유를 바탕으로 자신이 원하는 여성성 혹은 남성성을 갖고 살아가는 법을 배우도록 가르쳐야 한다. 그리고 그 자유가 무슨 뜻인지 이해할 수 있도록 도와야 한다. 우리의 자유가 그것을 억압하거나 억누를 수는 없다. 우리의 자유는 자녀가 원하는 삶의 계획을 실행할 수 있는 존재임을 스스로 이해하도록 돕는 데까지이다.

법에 따른 권리의 평등은 모든 사람에게 주는 기회의 평등이다. 그러나 우리는 이것이 사실이 아니며 평등한 권리가 많다고 해도 다 똑같지 않음을 잘 알고 있다.

빈곤하면 자유롭게 선택할 수가 없다. 유엔개발계획UNDP에 따르면 극빈층의 70퍼센트가 여성이다. 과연 이 여성들도 자유로울까?

당연히 아니다.

　최근 몇 년 동안 페미니즘이 많은 발전을 해 왔다고 해도 아직 갈 길이 멀다. 오늘날 다른 나라에서는 여성의 근본적인 권리를 심각하게 해치는 법률이 여전히 존재하기 때문에 페미니스트 투쟁은 잠잠해질 수가 없다. 부룬디에서는 '외설적인 의상' 또는 '부도덕한 행동'으로 성폭력을 당한 여성을 비난하는 내용의 법이 통과되었다. 방글라데시에서는 18세 미만의 소녀들이 '특수한 상황'에서 결혼할 수 있도록 하는 법률이 제정되었다. 그리고 미국의 경우 도널드 트럼프 대통령이 어떤 형태로든 낙태와 관련 있는 외국 기관에는 공식 기금을 제공하지 말라는 정책을 내세웠는데, 이로 인해 안전하지 못한 낙태 및 여성 사망률이 증가할 것이다. 예를 들어, 케냐의 '키수무 의료 및 교육 기금'은 산후 출혈 치료 전문 의사를 육성하기 위해 미국 정부로부터 연간 20만 달러를 지원받고 있는데, 여성 생식 보건 서비스로 낙태에 대한 조언을 해 준다는 이유로 미국의 자금 지원이 중단될 예정이다.

　2013년 스페인에서는 법무부 장관 가야르돈이 제안한 새로운 낙태법 때문에 여성들이 중요한 권리 중 하나를 잃을 위기에 처했다. 만일 이 법안이 통과된다면 여성의 권리는 30년 정도 후퇴할 것이다. 2015년 6월 유엔은 스페인의 긴축 정책으로 남성우월주의 폭력에 대한 평등 정책 부문의 예산이 삭감된 것에 우려를 표명했다. 스페인은 이 부문의 지원과 예산 및 법률 관련 정책에서 퇴보했다. 시민 교육 과목을 없애는 일도 평등 부문의 퇴보를 불러올 것이다. 학생들은 개인의 이데올로기나 윤리를 떠나 이 과목을 통해 이제까지 양성평등 교육을 받았기 때문이다.

여아들이 전도유망한 미래를 맞고 진정한 자유를 선택할 수 있도록 힘을 실어 주기 위해서는 이제 변화해야 한다. 남아들도 원하는 바를 자유롭게 표현하고 여성의 길을 방해하지 않도록 교육해야 한다.

젠더 고정관념에 관한
여성 능력 테스트

1. 유튜브에서 '여자처럼 해 보세요Always #LikeAGirl' 영상을 찾아 아이들 에게 보여 준다. 이 비디오는 여성 이미지에 대한 고정관념이 미치는 영향과 피해를 가시화하려고 만든 캠페인 영상이다. 여아들이 고정관 념 때문에 안 좋은 편견을 갖게 된다는 것을 알고 있는가? 고정관념이 여아들에게 어떤 영향을 미치는지, 그 고정관념이 정말로 사실인지 자 녀들과 함께 토론해 보자.

이야기하다 보면 보통 여아가 남아처럼 잘 달리지 못한다고 생각하고 있음을 확인하게 될 것이다. 그리고 이런 생각은 여아들이 스스로 잘 달릴 능력이 없다고 생각하게 만든다. 만일 여아가 달리기를 잘하지 못한다고 생각한다면 다른 능력도 안 좋다고 생각할 가능성이 높다. 그리고 이런 생각은 여성들의 능력 전체에 대한 생각에도 영향을 줄 수 있다.

2. 딸에게 좋아하는 영화에서 여성 캐릭터를 선택하게 한다. 그리고 함께

그 캐릭터가 나타내는 고정관념의 목록을 만든다. 남성 캐릭터를 선택해서 똑같이 해 본다. 이제 그 캐릭터들이 나타내는 특징들이 정말로 고정관념인지, 그 젠더 고정관념은 깰 수 있는 것인지 평가해 본다.

고정관념에 따르면 백설공주, 잠자는 숲속의 공주, 신데렐라, 인어공주 등의 캐릭터는 순결하고 고분고분하고 아름답고 순종적이며 집안일을 한다(라푼젤도 청소하고 백설공주도 난쟁이의 집을 청소하고 신데렐라도 청소한다). 그리고 그녀들의 궁극적인 목적은 이성과의 사랑이다. 그 사랑 때문에 존재하고 움직일 힘을 얻기도 하지만, 결국 남성에게 자신을 바치기 위해 중요한 것들을 포기해야 한다. 인어공주는 사랑을 위해 꼬리 없이 살아가겠다고 결심한다. 또 『미녀와 야수』에서 미녀는 자신을 가둔 야수와 사랑에 빠진다.

남성 캐릭터도 마찬가지다. 이야기 속의 소년이나 왕자는 늘 갈등을 해결한다. 그리고 여성의 마음을 사로잡거나 함께하기 위해 용기와 위험 무릅쓰기, 똑똑함 등 수많은 긍정적인 모습을 보여 준다.

동물 영화를 봐도 똑같다. 남성 동물 캐릭터인 퐁고는 달마시안 개들을 구하는 일에 도움을 준다. 〈레이디와 트램프〉에서 골포는 여왕이 집으로 돌아오는 일을 돕는다. 〈아리스토캣〉에서 아멜리는 공작 부인을 집까지 모신다.

여성 캐릭터의 또 다른 카테고리는 마녀와 사악한 계모이다. 21세기까지 디즈니에서 여성은 복종적이고 순종적이거나 혹은 반대로 무시무시한 마녀만 될 수 있었다.

〈트롤〉이나 〈주토피아〉 같은 영화에서는 여성 주인공이 공주의 고정관념에서 벗어나긴 하지만, 목표를 달성하기 위해서는 늘 남성 캐릭터를 필요로 한다. 그녀들 혼자서는 아무것도 해결할 수 없어 보인다. 대부분의 경우 남성 인물은 이야기가 안 좋게 시작되고 그들 사이의 관계가 비참해도 여주인공에게 늘 욕망의 대상이 된다.

물론 〈슈렉〉의 피오나와 같이 고정관념을 깨기 위해 노력하는 여성 캐릭터도 있다. 피오나는 자신감 있고 독립적인 여성이지만 낭만적인 사랑 앞에서는 무너진다. 티아나와 뮬란, 〈겨울왕국〉의 안나도 비슷하다. 〈인사이드 아웃〉에서 마침내 독자적으로 일을 해결하는 여성 캐릭터가 나왔지만, 남성에 대한 고정관념은 여전하다(예를 들어, 아버지는 머릿속 감정 리더가 버럭anger이고 권위적인 모습을 대표한다). 그러나 〈메리다와 마법의 숲〉의 메리다, 〈겨울왕국〉의 엘사, 〈모아나〉의 모아나 같은 캐릭터들은 일부 고정관념들을 깨는 여성 모델을 보여 준다. 〈토이 스토리〉, 〈쿵푸 팬더〉, 〈밤비〉, 〈마다가스카〉, 〈드래곤 길들이기〉, 〈카〉, 〈몬스터 주식회사〉, 〈업〉, 〈라따뚜이〉, 〈캡틴 언더팬츠〉, 〈벅스 라이프〉, 〈앨빈과 슈퍼밴드〉, 〈굿 다이노〉 등의 영화에서는 여성 캐릭터가 등장조차 하지 않는다.

더 자유롭고 평등한
페미니즘을 위하여

한 소녀는 소년처럼 짧은 머리를 하고 기분 좋게 학교에 갔다가
반 친구들의 놀림을 받고 울면서 교실을 나왔다.
또 다른 아홉 살 소녀는 여자아이에게 어울리는 옷을 입지 않았다는 이유로
가장 친한 친구가 말을 걸지 않기도 했다.
아이들은 과연 어디에서 뭘 보고 다른 친구를 놀리는 걸까?

금성에서 오지 않은 여아들, 화성에서 오지 않은 남아들

딸 아들 모두에게 동등한 교육을

인류의 절반이 뒤처진다면 우리는 발전할 수 없다.

말랄라 유사프자이Malala Yousafzai

딸과 아들을 동등하게 교육하는가? 대부분의 부모는 첫아이와 둘째 아이를 똑같이 교육하지 않는다. 셋째나 그 뒤에 낳은 아이도 첫째처럼 교육하지는 않는다. 보통 첫째 딸이나 아들에게 했던 실수를 둘째에게는 하지 않는다. 자녀가 더 많다면 점점 실수가 줄고 키우기도 편해진다. 지극히 정상적인 일이다. 딸이나 아들에 대한 교육은 우리 상황에 따라서 달라진다. 첫아이를 키울 때는 미숙하지만, 그다음에는 좀 더 능숙해지고, 마지막에는 더 유연해지거나 아니면 더 고집스러워지기도 한다. 이런 이유로 심리학자들은 가정에서 자녀의 출생 순서가 성격을 결정한다는 생각에 동의한다. 이처럼 부모들은 자녀들을 무의식적으로 다른 방식으로 교육하게 된다.

딸과 아들이 모두 있는 부모와 이야기해 보면, 가능한 한 자녀를 동등하게 교육하고 싶어 한다. 그러나 그리 간단한 일은 아니다. 우리 사회에서 여남 아이들을 같은 환경에서 똑같이 교육할 수는 없어 보인다. 우선 공동 교육을 하려면 늘 양성 포괄적인 용어를 사용해야 한다. 여성과 남성 롤모델을 바탕으로 동등한 내용을 전달해야 하고, 고정관념에서 벗어난 장난감을 제공해 놀이하게 해야 하며, 성별을 차별하지 않는 스포츠를 선호하고 이를 위한 장소도 새로 지어야 한다. 절망할 필요는 없다. 어차피 긴 여정이기 때문이다.

여성을 해치는 남성우월주의 폭력과 남성중심주의 및 사회적 불평등을 막기 위한 공식을 이야기하다 보면 늘 결론은 같다. 여남 아이들에게 하는 평등 교육은 가정, 학교, 사회 모든 곳에서 시작되어야 한다는 것이다. 하지만 이것으로 모든 남성우월주의 문제를 해결할 수 있다고 보는 것은 매우 순진한 생각이다. 여기에는 정치, 경제, 사회 체제의 변화와 관련법이 동반되어야 한다. 그러나 지금 자녀를 페미니즘으로 교육하지 않으면 미래 사회는 변화할 수 없다. 우리의 딸이 힘 있는 페미니스트가 되고 우리의 아들이 페미니즘의 지지자가 되도록 교육해야 한다.

나는 딸아이의 유치원 학부모 모임에 갔다가 교실 탁자에 놓인 아이들의 이름표 색깔을 보고 깜짝 놀랐다. 남아는 파란색, 여아는 분홍색으로 된 이름표가 놓여 있었다. 선생님에게 색깔을 구분한 이유를 물어보자, 아이들이 아직 성별을 정확하게 구분할 줄 몰라서 그랬다는 답변이 돌아왔다. 그러면서 "여자들만 칠판 쪽으로 올라가."라고 말하면, 남아들이 여아 쪽으로 모이기도 하고, 반대의 경우도 있다는 설명을 덧붙였다. 그 순간 나는 4살짜리 아이가 자기 성을 정확히 구별하지 못하는 게 무슨 문제가 될까, 또는 분명하게 안다고 해도 자기 성에 딱 맞추지 않는 게 과연 잘못된 건가 하는 의문이 생겼다. 게다가 왜 꼭 두 그룹으로 사람을 나누어야 할까 싶었다. 선생님의 대답은 젠더 고정관념에 너무 충실한 설명이었다. 이 '작은' 차별은 사회적 관계, 정체성 형성, 고정관념의 변화 과정에 해를 끼칠 뿐만 아니라 무엇보다 불평등과 남성우월주의를 조장한다.

미래의 의사 결정권자들이 페미니즘에 참여하게 하기 위해서는 가부장제와 남성우월주의를 인식하고 제거하도록 교육하는 것이 중요하다. 이 일은 여남 아이와 어른 모두 함께 힘을 모아서 그 과정에 참여할 때 성공할 가능성이 높다.[35]

여성과 남성, 두 성별만 있는 건 아니다

우리는 고정관념이 어떻게 여성에게 해를 끼치는지 살펴보았다. 고정관념은 매우 구체적으로 젠더를 구성하고 여성을 제한하며 크고 작은 불평등을 유발한다. 사회는 여아와 남아의 모습을 결정하고, 태어나는 순간부터 그렇게 교육하면서 정체성 형성에 영향을 준다.

좀 복잡한 주제이긴 하지만, 다양한 성과 젠더의 구성 경향에 대해서 이야기해 보자. 오늘날 우리는 자녀의 젠더 구성에 좀 더 열린 마음을 가져야 한다. 퀴어 이론queer theory°에 따르면, 성과 젠더, 정체성 및 성적 욕망은 사회적 구성물이다. 동성애자와 이성애자, 여성과 남성이라고 나누어 부르는 것도 젠더에 대한 제한이 될 수 있다.

과학적으로도 이미 여성과 남성이라는 두 가지 성별만 존재하는 게 아니라는 사실이 알려졌다. 간성intersexual인 사람도 많은데 이들은 여성과 남성의 유전적 및 표현형∞ 특성을 동시에 가지고 있다(예를 들어 신체적으로 여성이지만 남성 호르몬이 나오는 경우). 올림픽 경기에서 간성인 선수들은 그들이 (평생 여성으로 살았고 사회적으로 그렇게 만들어졌기 때문에) 여성으로 경기에 참여했다는 이유로 비난을 받았다.

전 세계적으로 유사한 사례들이 있다. 도미니카 공화국에서는 게베도세즈güevedoces라는 사람들이 있다. 이들은 여성으로 태어나고 여성으로 키워지지만, 열두 살이 되면 남성 생식기가 생긴다. 이들 중 일부는 소년이 되기로 결정하고, 일부는 수술해서 여자가 되기도 한다. 또 '두 개의 영혼' 혹은 베르다쉬berdache라고 불리는 사람들은 북미 대륙에 사는 인디언인데 몸에 남성과 여성이 동시에 있다. 인도에는 '히즈라hijra'라는 제3의 성이 존재하기도 한다. 그들은 타고난 성에 상관없이 자신의 젠더를 만들어 간다. 남성도 여성도 아닌 셈

○   퀴어 연구와 여성학의 영역에서 발생한 성과 젠더에 관한 반본질주의적 이론.
∞   생물체의 겉으로 드러나는 특징적인 모습이나 성질.

이다. 이런 이유로 캐나다에서는 간성과 양성 공유자 또는 트랜스 젠더를 위해 여권의 성별 표기란에 'X'라는 제3의 성을 추가했다.

다양한 성적 지향을 지닌 다양한 젠더가 있음도 입증되었다. 게이와 레즈비언, 양성애자, 트랜스젠더, 시스젠더cisgender°, 범성애자pansexual°°, 무성애자asexual°°°, 다애인polyamorist°°°° 등등. 남자처럼 보여도 여자일 수 있고, 여자처럼 보여도 여자나 남자라고 느낄 수 있고, 남자나 여자 둘 다로 느끼지 않을 수도 있으며, 중성처럼 느낄 수도 있다. 또한 남성과 여성을 모두 좋아하거나 좋아하지 않을 수도 있다.

젠더의 구성에는 심각한 사회적 불평등이 동반된다. 따라서 자신의 성적 지향이나 성별에 매이지 않고 자유롭게 행동하고 옷 입고 자신을 표현하는 것이 이상적이다. 어떤 사람이 되고 싶은지, 어떤 외모를 갖고 싶은지, 어떤 삶을 살고 누구를 좋아하고 싶은지를 스스로 결정해야 한다. 오늘날 우리 사회에서는 여성과 남성이 불평등하다. 한쪽에는 모든 고정관념에 사로잡힌 남성이, 또 다른 쪽에는 강요받은 역할을 평생 껴안고 사는 여성이 있다.

주디스 버틀러는 우리가 이제까지 발전시켜 온 사회적 구성물인

°   신체적 성별sex과 성별 정체성gender이 일치한다고 느끼는 사람.
°°   성별에 관계없이 사람을 사랑하는 성적 지향을 지닌 사람.
°°° 성적 끌림을 느끼지 않거나 성생활에 관심이 적거나 아예 관심이 없는 사람.
°°°° 두 사람 이상을 동시에 사랑하는 다자간 사랑을 지향하는 사람.

일반적 섹슈얼리티sexuality°와 젠더에 문제를 제기한다.³⁶ 버틀러는 가령 남자가 여자처럼 입으면 안 좋은 시선을 받는다고 지적했다. 이미 그에게는 남성이라는 젠더가 정해졌고, 이는 모든 사람이 공유하는 개념이기 때문이다. 그러나 스스로 여성성 또는 남성성을 자유롭게 결정하고 만들어 가는 게 더 좋지 않을까?

여성성과 남성성의 변화

내 친구 중 한 명은 어렸을 때 남자가 되고 싶어 했다. 남자들의 행동과 하는 일이 여자들의 일보다 훨씬 더 재미있어 보였기 때문이다. 그녀가 보았던 영화와 책에서 남자는 대담한 모험을 즐기지만 여자는 전혀 그렇지 않았다. 그녀는 자신이 〈유명한 다섯 아이들The famous five〉∞에 나오는 주인공 조지라고 생각했다. 조지는 원래 여자 아이이지만 남자처럼 이름을 바꾸고 자신을 남자라고 생각하며 남자들이 하는 일을 했다. 그녀는 스스로 남들과 좀 다르다고 느꼈고 톰보이처럼 행동했다. 어느 날 선생님이 그녀의 부모님을 불러서 진지하게 그녀가 레즈비언이거나 트랜스젠더라고 말했다. 사실 선생님에게는 그녀가 뭐든 별로 중요하지 않았다. 다만, 모두가 생각하는 소녀

○   성적인 것 전체를 가리킨다. 즉 성적 욕망이나 심리, 이데올로기, 제도나 관습에 의해 규정되는 사회적인 요소들까지 포함한다.

∞   소설 원작의 드라마 시리즈로, 두 소녀와 두 소년, 충직한 개 한 마리로 이루어진 팀이 방학마다 펼치는 모험 이야기이다.

처럼 행동하지 않는 것이 큰 문제라고 여겼다.

남성과 여성이라는 이분법적 젠더 기준 속에 있었던 그 친구와 사람들은 다양한 방식으로 자신을 표현할 수 있다는 사실을 몰랐다. 하지만 오늘날에는 새로운 여성성과 남성성이 나타나고 있다.

여성성femininity과 남성성masculinity이란 이성애적 관점의 젠더 정의에 따른 여남의 특성과 성향, 행동 및 역할이다. 많은 고정관념이 여성성과 남성성을 만들었지만 사회는 점점 변하고 있고, 최근에는 사람을 정의하는 새로운 방식이 논의되고 있다. 어쨌든 기존의 남성성이 중요한 불평등을 조장했다는 사실은 분명하다. 그 틀에서는 지배적이고 공격적이며 둔감한 남성이 순종적이고 약하며 감정적인 여성을 이해할 수 없기 때문이다. 오늘날에는 남성성 또는 여성성이 더 이상 양극화되지 않는다. 우리 주변에는 민감하고 섬세하고 여성스럽게 행동하는 남성들과 거칠고 남성적인 행동을 하는 여성들이 있기 때문이다. 이분법적 젠더 구분은 점점 다양한 특징으로 확장되고 있고 어떤 경우에는 여남의 차이가 거의 없다.

이런 변화는 학문적으로 깊이 들어가지 않아도 일상생활에서 충분히 알 수 있다. 남자도 치마를 입고 머리를 기르고 화장하고 귀걸이를 하고 꽃무늬 옷을 입을 수 있다. 그들도 민감하고 순종적이고 애교가 많고 예민한 성격일 수 있다. 여성이나 또 다른 남성에게 성적 매력을 느낄 수도 있다. 반대로 여성도 남성처럼 바지를 입고 짧은 머리에 화장을 안 하며 거칠고 공격적이고 지배적인 행동을 할 수 있다. 남성이나 여성에게 성적인 매력을 느낄 수도 있고, 혹은 아무에게도 느끼지 않을 수도 있다. 남아와 여아 중 아무것도 되지 않을 수도 있고 한 번에 둘 다 될 수도 있다. 물론 여아와 남아에 대해서 대다수가 생각하는 기존 방식대로 살 수도 있다.

평등한 공동 교육을 위하여

공동 교육은 여아와 남아를 평등하게 교육한다는 뜻이다. 이것을 혼성 교육과 혼동해서는 안 된다. 혼성 교육은 단순히 여아와 남아가 함께하는 교육으로 꼭 평등할 필요는 없기 때문이다. 우리는 역사, 과학, 문학 등 모든 학문 및 문화 분야가 어떻게 남성 중심으로 해석되고 설명되었는지를 이미 보았다. 여성의 업적과 의견, 인류에 대한 공헌은 보이지 않는 일이 되었다. 혼성 교육에서는 성차별적 고정관념, 비포괄적 언어, 여아와 남아에 대한 주변의 불평등한 기대, 차별화된 젠더 역할에 대한 교육과 미디어 및 문화 자료들(교과서, 문학, 영화, 광고, 소셜 미디어, 텔레비전 등)이 그대로 유지된다. 교실과 가정과 사회 속에 여아와 남아가 함께 있지만, 남성우월주의 관점은 계속 퍼지고 있다.

일반적으로 공동 교육의 목적은 여남 아이들이 평등한 역할을 기준으로 동등한 교육을 받게 하는 데 있다. 어린 시절부터 우리 자녀들의 젠더 고정관념을 인식하고 제거해 나가야 한다. 그리고 여아나 남아가 맡았던 역할에 변화를 주고 평등한 쪽으로 힘을 실어 주어야 한다.

여아도 축구를 하고 인디언과 카우보이 놀이를 하며, 남아도 인형을 가지고 놀거나 소꿉놀이를 할 수 있길 바란다. 아이들이 평등한 역할 변화를 인식하며 참고할 수 있도록 강한 여성 캐릭터와 약한 남성 캐릭터가 등장하는 영화와 책이 많이 나오길 바란다. 그러기 위해서는 어머니와 아버지가 먼저 동등한 역할을 하는 모범을 보이길 바란다. 여아와 남아에게 모두 영감을 줄 수 있는 혁명적인 여성들의 매력적인 삶도 알려 주길 바란다. 이런 작은 변화는 눈에 잘 띄지 않겠지만, 평등한 교육을 위해 싸워야 하는 전쟁에서 위대한 전투가 된다. 여아와 남아들은 매일 매 순간 여성들이 뭔가를 이루는 모습을 보아야 한다. 이것이 평등한 교육을 하는 데 중요한 참고가 되고 강력한 힘이 되기 때문이다.

2017년 마드리드의 한 학교 교장이 아이들을 베르나베우 축구 경기장에 데리고 갔다. 그리고 여학생들이 그곳에서 뜨개질을 했다는 이유로 벌금을 내야 했다. 이 일은 양성차별을 분명하게 보여 주는 사례이다. 이외에 교사들이 여학생보다 남학생의 말에 더 관심을 기울이고 남학생들에게 더 많은 발표의 기회를 주거나, 비포괄적 언어를 사용하고 여성의 성공을 잘 드러내지 않는 등 명확하게 드러나지 않는 차별도 꽤 많다.

공동 교육은 생각만큼 쉽지가 않다. 사회와 환경, 미래의 압박 때문이다. 한마디로 가부장제, 남성우월주의, 남성중심주의가 공동 교육을 방해한다. 소비 사회도 이런 불평등을 지속시킨다. 따라서 공동 교육은 거의 반체제적antisystem 이상향이 되었다. 즉 흐름을 거슬러야 가능한 교육이 된 것이다. 흐름을 거스른다고 해도 자녀들이 사회적으로 차단되어 숨어 살지 않는 한, 남성 중심적 기준들은 똑같이 영향을 미칠 것이다.

나는 대부분 열린 마음을 가지고 자녀들에게 다양성을 교육하는 가정들이 있는 진보적인 사회적 환경, 즉 마드리드 중심가에 살고 있다. 하지만 내 주변에도 남들과 다른 옷을 입거나 머리 스타일을 했다고 해서 다른 사람들에게 이런저런 소리를 듣는 소녀들이 있다. 한 소녀는 소년처럼 짧은 머리를 하고 기분 좋게 학교에 갔다가 반 친구들의 놀림을 받고 울면서 교실을 나왔다. 또 다른 아홉 살 소녀는 여자아이에게 어울리는 옷을 입지 않았다는 이유로 가장 친한 친구가 말을 걸지 않기도 했다. 내 친구의 아들은 손톱 칠하는 걸 좋아하지만, 등교 첫날 그렇게 하고 학교에 갔다가 친구들에게 놀림을 받고 집에서 엄마에게 손톱을 지워 달라고 했다. 이후 그 아이는 여동생과 미용실 놀이를 하면서 손톱을 칠했다가도 집 밖에 나갈 때는 꼭 지운다. 아이들이 '양성평등을 지향하는' 환경에서 자라고 있다면, 과연 어디에서 뭘 보고, 무슨 기준으로 다른 친구를 놀리는 행동을 하는 걸까? 우리는 자녀들이 어디에서 그런 영향을 받는지 잘 모르지만 아마도 생각하는 것만큼 평등한 환경에서는 아닐 것이다.

신생아에게 선택권을!

자녀가 태어나는 순간 우리에게는 자녀가 어떤 사람이 되고 싶은지 스스로 선택할 수 있도록 평등하고 자유롭게 교육할 책임이 생긴다. 아이들이 이 세상에 오기 전에 우리가 알 수 있는 것은 성별뿐이다. 그래서 성별을 확인하는 순간 가족들은 아이의 방을 분홍색으로 칠할지, 파란색으로 칠할지 결정한다. 그리고 거기에 맞는 옷과 커튼, 발싸개, 배냇저고리를 사기 시작하는데, 일반적으로 이것은 젠더의 색깔과 관련이 있다. 만일 여아라면 귀를 뚫을 건지도 결정한다.

이미 앞에서 설명했듯이, 우리는 아이가 태어난 순간 그 아이가 어떤 여자아이가 되어야 하는지 결정한다. 따라서 그 모든 결정을 내리기 전에 먼저 어떤 사람이 되길 원하는지를 분명히 하는 게 중요하다. 모든 결정권을 쥔 사람, 고정관념을 따르거나 분명한 역할을 부여받은 사람, 또는 자유로운 사람, 자신의 젠더에 대한 표현을 결정할 수 있는 사람 등 어떤 사람이 되길 원하는지 말이다. 귀를 뚫어 주는 일과 분홍색 옷을 사 주는 일은 똑같지 않다. 결정의 순간에 전자는 더 명확하고 공격적이다. 옷은 한 번 입고 벗을 수 있지만 귀에 난 구멍은 영원히 표시가 남기 때문이다. 물론 귀를 뚫고도 페미니스트가 될 수 있지만 사회(어머니 또는 아버지가 말)의 강요 때문이 아니라 스스로 결정하는 게 낫다.

신생아는 스스로 결정할 수는 없지만, 가족은 태어나는 순간부터 아이에게 모든 선택권을 줄 수 있다. 이미 자녀들의 귀를 뚫어 주었다고 실망할 필요는 없다. 그래도 아이가 페미니스트가 될 수 있고 상황을 다시 조정해 나갈 수 있다. 내 둘째 딸은 내가 이 책을 쓰는 동안 귀걸이를 하겠다고 결심했다. 이렇게 삶은 참 아이러니하다. 그래도 당황하지 말고 우리는 이런 모순들을 안고서 계속 페미니스트가 되어야 한다.

✱ 자녀의 방을 꾸밀 때 중성적인 색이나 발레리나와 해적이 적절하게 섞인 그림으로 꾸민다. 만일 딸이라면 분홍색을 좋아하고 그 색으로 방을 칠하겠지만, 어릴 때부터 모든 것을 선택할 수 있게 하기 위해서는 유명한 여성 롤모델이나 여성 과학자, 으레 남성적이라고 알려진 놀이를 참고해서 고정관념을 깨 주어야 한다. 만일 아들이라면 해적이나 슈퍼히어로의 그림을 붙이고 싶을 것이다. 그러나 어릴 때부터 여자아이도 평등하게 대하는 법을 가르쳐 주기 위해서는 여성 롤모델의 그림을 남자아이들 앞에 놓아야 한다는 것을 잊지 말자.

✱ 옷을 선택할 때는 유니섹스 옷이나 양성적인 스타일을 매치한다. 레이스가 있는 분홍 치마를 입히고 싶어도 아이가 조금씩 더 편안한 옷을 선택할 수 있도록 다른 많은 선택권이 있다는 점을 미리 알려 주어야 한다.

✱ 귀를 먼저 뚫어 주지 말고, 딸이나 아들이 스스로 귀를 뚫거나 피어싱, 문신을 선택하기를 기다린다.

장난감에 숨은 고정관념 분석하기

놀이와 장난감도 마찬가지다. 앞서 불평등을 유발하는 고정관념을 반영한 장난감이 얼마나 해로운지 말한 바 있다. 시중에 나와 있는 장난감을 분석해 보면 대부분 성별로 분명하게 나누어져 있다.

마드리드 콤플루텐세 대학의 페미니스트 연구 조사 기관에서 '성폭력에 대한 포괄적 탐지 및 중재' 부문 전문가로 일하는 이사벨 타하우에르세Isabel Tajahuerce는 성차별적인 장난감이 증가하면 매우 위험하다고 경고했다. 장난감은 어린 시절의 학습과 사회화의 주요 도구이기 때문이다. 스페인의 가장 큰 상점에서 장난감 종류를 분석한 결과, 태어날 때부터 여아와 남아의 노는 방법이 분명하게 구분되어 있었다.[37] 즉 각자의 영역이 나뉘어 있다. 여아들은 집 안에서 인형을 가지고 놀며 아기 기저귀를 갈거나 음식을 한다. 또 강아지와 곰을 돌보고 머리를 빗겨 주거나, 좋아하는 공주나 숲속 요정 역할을 하며 조용하고 닫힌 공간에서 논다. 반면 남아들은 밖에서 모험을 하거나, 바다에서 해적선을 타거나, 집을 만들고 인디언과 카우보이 놀이를 하고, 운동장에서 축구를 한다. 결국 이런 차이가 미래에 큰 불안과 좌절을 일으킨다.

성폭력 전문가들이 실시한 카탈로그 분석에 따르면, 장난감 홍보에 사용되는 고정관념은 성차별적이며 행동과 감정, 느낌, 욕구 및 역할에 대한 많은 불평등을 유발한다. 이 전문가들은 여아와 남아, 여성과 남성이 어떻게 완벽하게 고정관념에 사로잡힌 행동을 하며 그 속에서 상호작용하고 관계를 맺는지를 설명한다.

우리 자녀들이 이런 장난감에 굴복하지 않기는 힘들다. 내 딸들은 바비 인형, 공주와 요정 플레이모빌, 레고 프렌즈, 곰 인형, 아기 인형을 가지고 있다. 그래서 나는 이 요정들과 공주들이 모험심 있는 탐정, 과학자, 여행자가 되도록 놀이 방법에 변화를 주려고 노력한다. 혹 바비가 지구 반대편의 환경 보호 구역에서 리포터가 되게 하는 건 어떨까? 나는 딸들 옆에 앉아서 인형과 공주들에게 다양한 역할을 주고 거기에서 다양한 생각을 하도록 함으로써 고정관념이 없이 놀게 한다.

딸들이 용감한 사람이 되도록 키우는 일도 중요하다. 용기는 인생의 발전을 위해 아주 중요한 자질인데 고정관념에 따라 남성적 성격이라고 구분되기 때문이다. 보통 여아들이 나무나 사다리에 오르면 하지 말라고 한다. 그러나 남아들이 할 때는 그냥 둔다.

앞에서 말한 연구에 따르면 놀이는 성 정체성 형성에 큰 영향을 끼친다.[38] 자녀들은 상징적 놀이를 통해 어른과의 관계와 의사소통에 대한 일상생활을 재현하고 이를 통해 자신의 젠더를 형성한다. 여아와 남아는 자연스럽고 장난스럽게 사회 문화적인 성의 가치와 행동을 파악하고 합의 또는 폭력으로 문제를 해결하는 방법도 배운다.

Advice

✽ 딸이 '바비 패션' 장난감을 원하면, 바비가 너무 패션에만 몰두하지 않도록 과학자나 앱 개발자 등 다양한 역할 놀이로 재구성한다.

✽ 아들이 인디언이나 카우보이 놀이만 원한다면, 누군가는 음식을 만들거나 요새를 청소해야 하고 그 일이 영토를 정복하기 위해 밖으로 나가는 일만큼이나 중요하다고 가르쳐 줄 수 있다. 인디언과 카우보이의 이야기를 들려주고 대화를 통한 놀이를 제안할 수도 있다. 예를 들어, "카우보이가 무엇을 원할까?", "인디언은 무엇을 원할까?", "이 둘이 서로 싸우지 않고 사이좋게 지낼 수 있을까?" 등의 질문을 던져 본다.

여성 주인공이 나오는 문학 접하기

나는 유년기와 청소년기에 〈꼬마 흡혈귀〉, 〈꼬마 니콜라〉, 〈로스 싱코스Los cinco〉, 〈행복한 홀리스터〉, 〈다렐르 시리즈Malory towers series〉, 〈퍼크〉, 〈증기선 시리즈〉, 〈그랑 앙굴라르Gran Angular〉 등의 책을 보며 자랐다. 그래서 성인 문학을 접하고 대학에 들어가면서 현실과 충돌했고, 이야기들을 읽으면서 조금씩 내 보라색 안경을 만들어 갔다. 『재판관 부인La regenta』부터 『일사병Insolación』까지 문학 속에는 치명적인 현실을 안고 사는 여성들로 가득했다. 과연 이것이 사실일까? 이것이 정말 우리의 이야기일까? 여성 영웅은 어디에 있는 걸까? 문학 속 여성들은 하나같이 비극적인 현실 속에서 소외당하고, 불행한 결혼이나 그 무엇도 스스로 결정하지 못하는 불확실한 미래와 마주하고 있다. 정말 여성들이 이런 미래를 바라며 살아온 것일까?

스페인의 여성 철학자 아멜리아 발카르셀Amelia Valcárcel도 아마데 미겔이 여성들에겐 영웅이 없다고 한 말에 동의했다. 누구도 여성의 비극적인 현실을 넘어서지 못했다. 우리 여성의 현실은 늘 가정과 결혼, 가족 또는 수녀원과 연관이 있다. 여성들은 흥미로운 일을 경험하지 못하고 그저 삶이 지나가길 바란다. 혹은 부도덕한 행동(외도)을 하거나 신기루(『이상한 나라의 앨리스』는 꿈일 뿐이다) 속에서 움직인다. 제인 오스틴이나 샬럿 브론테의 소설 속 여성들은 더 발전하고 뭔가를 더 요구하려고 노력은 하지만 결국 가정을 떠나지는 않는다. 나는 어렸을 때 루이자 메이 올콧Louisa May Alcott의 『작은 아씨들』을 읽었는데, 조가 글을 쓰기 위해 로리와 결혼하지 않은 이야기는 엄청난 변화였다. 그러나 나중에는 결국 다른 여성들과 마찬가지로 결혼을 한다. 시대를 거스르는 소설들 속에서도 전통적 사랑은 여전히 주인공들의 마지막 목표인 것이다.

나는 메리 울스턴크래프트의『여성의 권리 옹호』와 시몬 드 보부아르의『제2의 성』, 버지니아 울프의『자기만의 방』처럼 자아를 되찾는 여성들이 나오는 페미니스트 문학을 보고 나서야 비로소 내게 젠더에 대한 의식이 전혀 없었음을 깨달았다. 그리고 가정 속 역할에서 벗어난 아가씨들의 이야기를 읽기 시작하면서 문학 속 이야기에 더 관심이 생겼다. 비록 이야기 속 캐릭터일 뿐이지만, 이타카에서 구혼자들을 따돌리기 위해 베를 짜고 풀며 시간을 보내는 페넬로페보다 모험하는 오디세우스에 감정을 이입하는 것이 더 재미있었다. 위대한 고전은 문학 전반에 걸쳐 여성과 남성의 역할, 그리고 인류의 역사를 완벽하게 보여 준다.

나는 카르멘 라포레Carmen Laforet가 쓴『무無』의 주인공이나 에스더 터스케츠Esther Tusquets의『여름마다 같은 바다El mismo mar de todos los veranos』, 루시아 에체바리아Lucía Etxebarria의『베아트리스와 천체Beatriz y los cuerpos celestes』등 여성들이 쓴 현대 소설에서 자기 삶의 열쇠를 쥐고 힘 있게 살아가는 여주인공들이 등장하는 것이 마음에 든다. 이런 작품을 통해 내가 원하는 여성상이 기존의 전통적인 여성상과 맞지 않는다는 사실을 깨달았다. 사회(가부장제, 남성우월주의)가 만든 고정관념과 기대들이 나를 억압하며 더 앞으로 나아갈 수 없게 발목을 잡고 있다는 것도 알게 되었다. 문학을 비롯해 내 주변의 모든 것이 나를 페미니스트의 길로 들어서게 했다. 나는 남성들을 위한 혹은 남성들이 만든 문화 기준들, 친구나 가족이 강요한 일상 속의 남성우월주의, 밤길을 혼자 걷는 것에 대한 두려움, 성희롱, 다른 여성들이 겪는 남성우월주의 공격 등에 진절머리가 나서 페미니스트가 되었다.

우리 자녀들은 성별을 막론하고 여성 주인공들이 나오는 문학을 접해야 한다. 남아들은 여아들이 자신과 같은 일을 할 수 있다는 걸 알아야 하고, 여아들은 영감을 받을 수 있는 롤모델이나 참고할 대상이 있어야 한다. 문학은 우리 생각을 체계화하기 위한 수단의 하나이다. 문학이 교훈을 주거나 이야기를 좀 더 부드럽게 하려고 기존의 전통적 이야기를 바꿔야 하는 건 아니다. 다만, 자녀들이 이런 책을 스스로 읽고, 더 나아가 비판적인 사고를 통해 주변에서 벌어지는 일에 의견을 내고 기준을 세울 수 있도록 해 주어야 한다.

Advice

✱ 먼저 아이들에게 전통적인 이야기를 그대로 들려주자(『빨간 모자』, 『신데렐라』, 『백설공주』 등). 그런 다음 이야기 속에서 오랫동안 유지되는 역할들에 관해 토론해 본다.

✱ 문학으로 도덕적 교훈을 주려고 하지 말자. 문학은 우리를 흔들어 놓거나 옳지 않은 정책을 따르게 하기도 하지만, 그렇다고 페미니즘과 교감하지 않는 예술이나 문학을 헐뜯거나 비판할 수는 없다. 우리가 할 일은 책을 보며 자녀들이 비판적 사고를 기르고 맥락에 맞게 이해하도록 돕는 것이다.

축구는 남자아이들만의 운동이 아니다

아이들의 운동도 성별로 나누어져 있다. 주로 축구는 남아가 하고 발레는 여아가 한다. 내 딸은 방과 후에 축구를 하고 싶어 했지만, 남자아이들이 끼워 주지 않았다. 그러나 내가 진짜로 화가 난 건 이런 상황을 말했을 때 당연하다고 여기는 학부모들의 태도 때문이었다. 누구도 내 딸을 축구 경기에 끼워 주려고 하지 않았다. 그런 그들에게 다시 이야기를 꺼낼 필요도 없었다. 이야기를 한다 한들 끝이 나지 않을 것이다.

반대로 남아가 축구를 싫어해서 학교를 바꾼 부모도 있었다. 전에 다니던 학교에서는 남아들이 쉬는 시간에 축구만 해서 아이가 지루해했기 때문이다. 또 발레 수업이 좋아서 들어간 남아들은 몇 주 후에 결국 그만두고 말았다. 다른 남아들이 놀렸기 때문이다. 남아들보다도 운동 신경이 있는 여아들은 '여자'라는 이유만으로 자질을 의심받거나 모임에 들어가지 못한다. 그러면서 남아들에게만 축구를 시킨다. 그 아이들의 부모들은 쉬는 시간이나 방과 후에 축구만 시키고, 성별을 떠나 덜 적극적이거나 경쟁력이 떨어지는 아이들과는 놀지 못하게 한다.

물론 축구가 그 자체로 나쁜 스포츠는 아니다. 하지만 많은 이들이 축구가 남성적인 운동이고 여성의 운동 범위보다 더 넓은 공간을 필요로 하며 사회적으로도 가장 중요한 운동이라고 생각한다. 토요일마다 열리는 남아들의 학교 축구 경기를 생각해 보자. 특히 경기 시즌에는 나라가 마비될 정도이다. 뒷돈을 받는 선수들이 있는가 하면, 심판이나 경기장 선수들에게 욕을 하고 해를 끼치는 부모들도 있다. 여기에 정말 차별이 없다고 할 수 있을까?

✽ 고정관념에 따라 남성적인 운동이라고 여겨지는 운동을 여아들도 하도록 독려하자. 운동은 특정 성별만을 위한 것이 아니다. 특정 스포츠와 연관된 특정한 성별은 없다.

✽ 스포츠에서 기존의 전통적 역할을 깬 뛰어난 여성 운동선수들에 대해서 설명해 주자. 긍정적인 관점과 역량을 강화하기 위해 그 여성들이 극복한 장애물과 이루어 낸 성공을 이야기해 준다.

✽ 여아가 좋아하는 활동이나 스포츠를 찾아보게 하고, 그것이 남아들이 하는 활동이나 스포츠만큼 중요하다는 점을 일깨워 주자. 줄넘기나 텀블링 등의 대회를 계획해 볼 수도 있다.

롤모델 알려 주기

앞에서 역사, 과학, 기술, 문학 및 언론이 어떻게 여성을 투명인간으로 만드는지 이야기했다. 따라서 모든 아이들에게 참고할 만한 여성들의 사례를 알려 주는 게 중요하다. 그럼으로써 여아들은 성공한 여성들을 알게 되고, 남아들은 여성도 능력이 있고 원하는 것을 이루며 목표에 도달한다는 사실을 알게 될 것이다.

딸아이가 4살 때 유치원에서 '슈퍼 영웅들'이라는 프로젝트 수업이 있었다. 학부모 모임 때 나는 이 주제가 좀 곤란하다는 의견을 냈다. 여성 슈퍼 영웅들은 거의 없어 보였기 때문이다. 그러자 담당 선생님이 여성 영웅들도 많다며 열심히 찾아보고 수업에서 발표할 수 있게 하자고 격려했다. 이 분야에 대해서 잘 몰랐던 나는 만화광인 친구들에게 조언을 구했다. 덕분에 몇몇 여성 영웅을 찾았지만, 대부분 배트걸, 슈퍼우먼, 헐카 등 남성 영웅(배트맨, 슈퍼맨, 헐크)의 여성 버전이었다. 또 〈엑스맨〉에 나오는 스톰이나 〈배트맨〉에 나오는 캣우먼 같은 영웅들은 더 위대한 남성 영웅에게 의지하는 상황이었다.

더구나 이 여성 영웅들은 과도하게 성적 매력을 발산하고 있다. 수영복과 비슷한 옷을 입고 등장하기 때문에 4살 여자아이들이 참고하기에는 부적절했다. 반면 남성 영웅들은 완전히 몸을 가리고 있다. 그나마 원더우먼이 유일하게 독립적인 여성 영웅 캐릭터였다. 결국 이 수업의 주제가 여아들에게 불리하다는 내 생각은 틀리지 않았다.

그다음 프로젝트의 주제는 〈스타워즈〉였는데, 이 역시 레아 오르가나 공주를 제외한 나머지 인물들이 모두 남성이기에 여아들이 참고할 만한 내용은 없었다. 더구나 공주는 7편에는 나오지 않는다. 유치원에서는 이런 프로젝트들을 1년 내내 했다. 그리고 여아가 남성 캐릭터와 동일시하는 것은 당연하게 여기면서 남아가 여성 캐릭터와 동일시하는 건 상상할 수 없는 일이라고 생각했다.

✴ 다양한 분야에서 탁월한 능력을 갖춘 여성의 이야기와 영화, 전기를 소개한다.

✴ 낭만적 사랑이 주된 이야기가 아닌, 상황을 해결하는 여성 주인공이 나오는 책과 이야기, 영화를 소개한다.

✴ 일반적으로 여성의 영역이라고 생각하는 곳에서 두각을 나타내는 남성들의 예를 들어 본다. 역사적으로 여성의 영역에서도 눈에 띄게 우수성을 드러낸 남성들이 있다는 사실을 알려 준다. 보통은 여남 모두 자유롭게 취미와 직업을 선택할 수 있지만, 불공평한 일들이 벌어지고 있음을 알려 주어야 한다.

✴ 여아들이 과학자, 엔지니어, 예술가처럼 상상하고 창의적으로 행동하도록 격려한다. 또 스스로 더 흥미로운 일을 생각하고 찾도록 격려한다.

대중매체의 성차별적 메시지 확인하기

광고, 텔레비전, 영화는 아이들에게 모든 고정관념을 보여 준다. 우리 집에서는 이 매체들을 전혀 금지하진 않지만, 특정 내용을 보려면 나름의 비판력을 가져야 한다고 조언한다. 딸들에게 영화를 보여 주면 벡델 테스트°를 통과한 영화인지 나에게 물어본다. 물론 거의 통과하지 않은 영화들이지만, 등장하는 여자아이나 성인 여성이 현실 속 사람들과는 같지 않다는 사실을 가르쳐 준다.

○   남성 중심적 영화가 얼마나 많은지 판단하기 위해 고안한 영화 성평등 테스트.

그 여자아이나 여성이 언제 사물화되고 있는지 감지하는 법 또한 알려 준다. 사물화는 사람이 물건처럼 여겨지는 과정이다. 소비의 대상이 되거나 외적인 특징이 다른 어떤 특징들보다 중요해지기 때문이다. 여성의 몸이나 섹슈얼리티가 사람 그 자체의 가치보다 우위에 있을 때 사물화된다고 말한다. 매일 우리 자녀들은 여성이 사물화되는 장면에 노출되어 있다. 내 딸들은 거리를 걷다가 벗은 여자들이 나오는 광고판을 보면 놀란다. 자동차 앞 유리에 끼워 둔 전단지 중에는 매춘 광고지도 있다. 대기업의 광고 전광판에는 반쯤 벗은 여자들이 버젓이 나온다. 길거리에 있는 성형외과 입구에도 관능적인 자세로 옷을 반쯤 벗은 여성의 사진이 걸려 있다. 중요한 행사에서 대표자의 곁에 수영복 같은 의상을 입은 비서들이 서 있는 광경도 볼 수 있다.

광고를 보다 보면 여성이 남성에게 복종하는 장면이 나오기도 하고, 어떤 광고에는 브랏츠 인형을 가지고 노는 여아들과 트랜스포머 로봇을 가지고 노는 남아들이 나오기도 한다. 만화책에서도 여성 캐릭터의 비중은 매우 적고, 그나마 맡은 역할도 단순히 남성의 동반자일 경우가 많다.

2014년 그라나다 대학의 한 연구팀이 스페인 전역에 방송된 163개 만화 시리즈의 캐릭터 621개를 분석한 결과, 여성 캐릭터에서 부정적인 고정관념이 나타났다.[39] 즉 여기에 나오는 여성들은 쇼핑광이고 생각에 깊이가 없으며, 질투만 하고 외모에만 집착하고 다른 사람들에게 늘 잘 보이려고 했다. 그리고 전체의 33.6퍼센트만 여성 캐릭터였다. 남성 2명당 여성 1명인 셈이다. 그것도 늘 여자 친구나 주인공의 동반자 역할이었다. 물론 어린이 시리즈물의 90퍼센트 이상이 남아를 대상으로 만들어졌다. 이 사실은 다른 자료들을 보아도 알 수 있다.

영화나 텔레비전에서 보이는 내용이 여전히 성차별적이고 젠더 격차를 극복하지 못하고 있음을 보여 주는 몇 가지 예가 있다. 이런 내용을 표에 나온 방법들로 거를 수는 있지만, 그렇게 한다고 큰 도움이 되는 건 아니다.

영화와 방송의 젠더 격차를 판단하는 방법

명칭	목적	방법	사례 확인하기
벡델 테스트 Bechdel test	이야기 속에서 여성적 플롯이 중요하지 않거나 존재하지 않음을 증명한다.	통과하려면 3가지 조건을 충족해야 한다. 2명의 여성이 있어야 하고, 그 2명의 여성은 대화를 해야 하며, 그 대화는 뭐든지 가능하지만 남성(아버지나 친척 포함)에 관한 주제는 안 된다.	먼저 영화 10편을 뽑아서 이 테스트에 통과하는지 평가한다. 이것이 부당하다면 대상을 남성으로 바꾸고 다시 테스트를 해 보자. 아주 놀라울 것이다. 참고로 〈이터널 선샤인〉, 〈해리 포터〉, 〈그래비티〉는 제외하라.
스머페트 법칙 Smurfette principle	여성 캐릭터가 단지 여성인 것 외에는 다른 역할이 없다는 점을 증명한다.	모든 주인공은 1명의 여성(여아)을 제외하고 모두 남성이다. 다른 남성 주인공은 역할이 다르지만 등장하는 여성(여아)은 자신의 성별에 대한 고정관념을 완벽하게 수행한다.	〈스머프〉(스머페트), 〈머펫츠〉(피기), 〈스타워즈〉(레아), 〈퍼피 구조대〉(시즌 1에서 스카이), 〈제이크와 네버랜드 해적들〉(이지), 〈해리 포터〉(헤르미온느), 〈빅뱅이론〉(시즌 1에서 페니), 〈기묘한 이야기〉(일레븐) 등
마코 모리 테스트 Mako Mori test	남성의 역할을 완수하기 위해서만 존재하는 여성의 역할이 있는지 확인한다.	이 테스트를 통과하려면 최소한 1명의 여성 캐릭터가 있어야 하고, 자기 이야기를 해야 하되 그 이야기가 남성 캐릭터를 뒷받침하는 것이 아니어야 한다.	거의 모든 액션 영화, 슈퍼히어로 영화, 그 밖에 여성 캐릭터가 자기 이야기를 하지 않는 영화들

예를 들어, 영화 〈아멜리에〉는 젠더 격차에 대한 테스트를 통과하긴 했지만 별 의미가 없다. 여전히 여성에게 전혀 도움이 안 되는 낭만적인 사랑의 이미지를 조장하기 때문이다. 이 영화에서 여주인공은 정체불명의 감성적인 남성과 사랑에 빠진다.

사회화 요인인 미디어와 광고는 성역할의 전달에 큰 영향을 끼친다.[40] 성차별적 메시지를 전달하고, 평등하고 진실한 여성의 이미지 형성을 방해한다. 비고 대학의 연구에서는 이에 대해 다음과 같이 설명한다.[41]

광고 메시지는 효율성과 힘, 지능, 공격성에 대한 남성의 성 고정관념을 강화한다. 반대로 소극적이고 무지하며 약하고 온순한 것은 여성의 몫이다. 미디어는 여아들에게 아기에게 젖병을 물려 요람에서 재우고, 공갈 젖꼭지를 입에 물려서 우는 아이를 달래며, 엄마가 말할 때 고분고분 말을 잘 들으라는 메시지를 전달한다(아빠는 절대 말하지 않을 것이다). 이런 사회적 언어를 듣고 자란 여아들은 자신의 세계가 가정(외부 일과 반대인 내부 일의 상징)임을 재확인하고, 신체를 대상화하며, 패션과 관련된 일에 몰두할 것이다. 반면에 남아들은 유순한 여아들은 상상도 할 수 없는 남성 폭력이나 공격성을 조장하는 위대한 모험(〈캐러비안의 해적〉, 〈스파이더맨〉, 〈세인트 세이야〉 등)이나 끝없는 전투에 초대된다. 이런 모험과 전투는 남성성을 뜻한다. 즉 창조자에게 정면으로 맞서는 파괴적인 힘을 선택하고 자신들에게 중요한 정복과 경쟁을 통해 사회적 공간을 넓혀 간다.

Advice

❋ 우선 아이들이 광고와 텔레비전, 영화가 무엇인지 알게 해야 한다. 즉 그 속에 등장하는 사람들이 실제 현실을 대표하는 게 아니며 대다수 여성은 그렇지 않다는 걸 알려 주어야 한다. 성차별적 역할이 계속될 때 생기는 부정적인 예도 제시해 준다.

❋ 여성은 광고나 영화 속에서 순종적인 역할을 맡고 아름답고 사근사근하길 강요당한다. 여남 아이들은 이러한 역할이 실제가 아니며 바꾸어 나가야 하는 것임을 알아야 한다.

❋ 슈퍼히어로나 해적들의 싸움에는 그것이 남성의 역할이고 갈등을 해결하려면 다른 사람과 부딪치고 싸워야 한다는 폭력에 대한 고정관념이 들어 있다. 여남 아이들 모두 폭력으로는 갈등을 해결하지 못하고 마치 놀이하듯 폭력을 행사하면 안 된다는 점을 알아야 한다. 남성이 분노를 폭력으로 풀면 여성이 그것을 감내해야 한다는 남성주의적 폭력을 보여 주는 놀이는 아이들이 지닐 미래의 태도에 아주 부정적인 영향을 끼치기 때문이다.

집에서 할 수 있는 활동

집 안 역할들을 바꿔 본다. 특히 고정관념에 사로잡힌 행동을 계속하고 있다면 역할들을 바꾸어서 해 본다. 부모의 감독하에 아들에게는 요리, 다림질, 빨래 등 보통 여성들이 하는 일이라 여겨지는 일들을 맡긴다. 반대로 딸에게는 전구를 갈고 싱크대를 고치는 일을 돕거나 작은 가구들을 옮기는 일을 시킨다. 물론 모든 일은 부모의 감독하에 하게 한다.

다양성 가르치기

20년 전 환경에 대해 처음으로 인식하기 시작했다. 그때 내 주변은 아주 보수적이어서 환경 문제에 대한 이야기를 제대로 꺼낼 수도 없었다. 내가 환경의 변화나 음식물, 청소 제품의 독성에 대해 말해도 주변 사람들은 별로 중요하게 생각하지 않았다. 당시 환경주의자들은 주로 실생활을 잘 모르고 어떻게 살아야 할지 생각하지 않는 '히피들'이었기 때문이다. 그러나 오늘날에는 환경 문제를 전 지구적인 문제로 인식하고 있고 사회적인 원인에 의한 것임을 누구나 알고 있다. 물론 이 사실을 여전히 부정하는 사람들도 있지만 대부분은 쓰레기 재활용이 '정상적'이라고 본다. 그렇게 기후 변화를 인식하고 친환경적인 제품을 구입한다. 20년 전에는 환경 문제에 나서는 일이 별난 일이었지만 오늘날에는 평범한 일이 되었다.

세상에 '정상적인 것'은 없다

'정상'이 정확히 무슨 뜻일까? '정상적인 것'은 과연 무엇을 말할까? 어떤 사람은 대다수가 인정한 사회적 규범을 정상적인 것으로 간주한다. 그러나 우리는 이 주제에 대해 다시 생각해 보아야 한다. 사회적 상황과 배경, 환경 및 가족에 따라 정상의 기준이 달라질 수 있기 때문이다. 종교가 가톨릭인 집안에서 정상은 매일 기도하고 일요일마다 성당에 가서 미사를 드리는 것이다. 집시 문화에서는 어릴 때 결혼하고 혼전 순결을 지키는 것이 정상이다. 한부모 가정에서 정상은 아버지나 어머니 중 한 사람과만 사는 것이다. 다애인들에게는 여러 배우자와 사는 것이 정상이다. 이처럼 상황에 따라 정상의 기준이 다르다. 그렇다면 우리는 왜 이렇게 정상에 집착하는 것일까?

우리는 자녀들에게 삶의 모든 선택이 의미가 있고 정상적인 것이 꼭 가장 좋은 것만은 아니라는 사실을 가르쳐야 한다. 어떤 시대에 비정상적인 행동으로 여겨졌던 것들이 오늘날에는 다 수용되고 정상적인 것으로 여겨지기도 한다. 반대로, 예전에 정상으로 여겨졌던 행동들이 오늘날에 와서 버림받는 것들도 있다. 동성애는 최근까지도 범죄였지만 지금은 일부 국가에서 동성애자가 이성애자와 같은 권리를 갖는다. 10년 전에는 지하철 안이나 식당에서 담배를 피우는 일이 매우 정상적인 행동이었지만 오늘날에는 다들 이상하게 생각하며 쳐다본다. 우리 자녀들이 열린 마음을 갖기 위해서는 기본적으로 가부장제에 계속 끌려가지 않게끔 하고 이제까지 유지해 온 젠더 역할과 고정관념을 없애 주어야 한다. 적어도 정상이 무엇인지 스스로에게 질문을 던져 보고 자녀들에게도 이 문제를 생각해 볼 수 있게 해 주어야 한다.

다름을 인정하기

존중은 단순히 참는다는 뜻이 아니다. 참는다는 것은 견딘다는 뜻인데, 다름을 존중한다는 것은 다른 것을 참거나 '참는 사람'이 된다는 뜻이 아니라 사실 그대로를 인정하는 것이기 때문이다. 존중은 다름을 인정하고, 정상의 기준에 맞추라고 강요하지 않는 것이다. 이렇게 할 때 자녀들은 더 공감하는 사람이 되고 타인이 선택한 삶을 존중하는 법을 배우게 될 것이다. 자녀들에게 우리가 전통주의적 사회에 둘러싸여 있고, 각자 일하는 방식이 다양하며, 한 사람이 여러 방식으로 느낄 수도 있고, 그런 방식이 다 나름대로 일리가 있다는 사실을 가르쳐야 한다.

우리 주변에 다양한 사람이 있다는 점도 가르쳐야 한다. 아이들은 인종이 다양해서 머리카락 색도 다양하고 문신으로 자신을 표현하려는 특별한 욕구가 있는 사람들도 있다는 걸 알아야 한다. 모든 사람이 다 다르기 때문에 세상이 흥미롭다는 사실을 배우면 다양성이 주는 풍부함에 긍정적인 시선을 갖게 된다. 직접 다른 사람들의 삶에 들어가 다양한 사람들을 만나 보면 가장 좋겠지만, 주변에 다른 사람을 만나거나 사귈 기회가 없다면 다양한 영화나 드라마, 다큐멘터리, 책을 보는 것도 일상생활에서 실천할 수 있는 쉽고 좋은 방법이다.

다양한 가족 형태 인정하기

전 세계에는 일반적인 개념과는 다른 여러 유형의 가정이 있다.[42] 키부츠(이스라엘의 집단 농장) 공동체에서는 여아와 남아가 부모와 살지 않는다. 대신 마을이 공동으로 그 아이들을 키운다. 무타 결혼Muta marrige은 일부 이슬람 국가의 결혼 형태로 일시적인 임시 결혼이다. 결혼 관계가 끝나면 남성이 여성에게 이 관계에 대한 대가를 지불한다. 이 가족 형태들은 서구 개념의 사회적 구성이 다른 국가들과 다를 수 있음을 보여 주는 극히 일부의 사례이다.

방금 말한 정도는 아니지만 딸아이의 주변에도 다양한 가정 형태가 있다. 그러나 여전히 아이는 기존에 알고 있던 형태와 다른 가정을 보면 많이 놀란다. 대다수 가정이 전통적인 가정이고 문화적 배경도 이런 '기준'을 따르기 때문에 거기에서 벗어난 상황들이 이상하게 보이는 것이다. 아이의 가장 친한 친구는 아빠가 없는 한부모 가정에서 자라고 있다. 그 친구를 안 지 3년이 지나서도 가끔 나에게 "그럼 아빠가 돌아가신 거예요, 아니면 이혼한 거예요?"라고 물었다. 아버지가 없다는 게 이해가 가지 않았던 모양이다. 나는 아이에게 "아버지가 안 계시는 가족이지. 여러 모습의 가족이 있는데, 이 경우는 친구와 어머니로만 이루어진 거야."라고 대답해 주었다. 그 상황을 이해시키는 데 조금 시간이 걸렸지만, 지금은 다행히도 한부모 가정을 다른 가족들과 같은 하나의 가족 형태로 보고 있다.

우리 자녀들은 다양한 가정의 형태를 알고 있어야 한다. 어머니와 아버지, 여섯 명의 자녀가 함께하는 가정도 있고, 자녀가 없는 가정도 있다. 어떤 가정은 아버지가 둘이거나 어머니가 둘일 수도 있다. 아니면 아버지 또는 어머니로만 이루어진 가정도 있고, 어머니와 아버지가 이혼한 가정도 있을 수 있다. 이혼한 부모가 다른 배우자를 만나서 이룬 가정일 수도 있고, 새로운 자녀가 생기거나 이전 배우자의 자녀와 함께 이룬 가정일 수도 있다. 또한 어떤 가정에서는 자녀를 돌보기 위해 아버지나 어머니가 일을 그만두기도 하고, 반대로 기관에 아이들을 맡겨서 양육하기도 한다……. 이처럼 자녀들에게 다양한 형태의 가정이 있다는 사실을 알려 주어야 한다. 그래야 고정관념에서 벗어나 나중에 자신에게 가장 적합한 형태의 가정을 꾸릴 수 있다.

함부로 판단하지 않는 법 배우기

무엇보다도 자녀들은 부정적으로 판단하지 않는 법을 꼭 배워야 한다. 물론 자녀들에게 자기만의 기준을 세우고 비판적 사고를 발전시키라고 격려하는 것은 좋다. 그러나 사람들을 판단하거나 그들의 결정을 비판하지 않는 법을 배우는 것도 중요하다. 판단하는 대신 사람마다 생각하고 행동하는 방식이 다르다는 점을 이해해야 한다.

그러기 위해서는 본보기 교육이 필수이다. 어른인 우리가 자녀들 앞에서 다른 사람에 대해, 그 사람의 외모와 그 사람이 선택한 삶의 방식이나 결정 방식을 판단하지 말아야 한다. 만일 우리가 자녀에게 판단을 강요하고 있다는 느낌이 든다면 좀 더 신중하게 말할 필요가 있다. 판단하지 않는 법을 배우는 일이 별 도움 안 되는 것처럼 보일 수도 있겠지만, 추궁과 파괴적인 비판, 편협함을 피하기 위해서는 이런 과정이 꼭 필요하다.

감정 관리하는 법 배우기

감성 지능이란 자기뿐만 아니라 다른 사람의 감정을 파악하고 그 감정을 관리할 줄 아는 능력이다. 우리는 여아, 남아가 모두 자신의 감정을 제대로 알고 잘 조절하며 상대방의 입장에서 공감하고 사회성을 갖길 바란다. 그래야 자신의 감정을 효과적으로 표현하고 자신과 타인을 이해할 수 있으며, 분노, 좌절, 질투, 시기, 슬픔 등을 제대로 조절할 수 있다. 그 감정들은 모두 필요한 감정이고 모든 사람이 경험할 수 있는 것이지만, 학대와 갈등, 성차별 폭력을 방지하기 위해서는 그 감정들을 바르게 관리하는 법을 배워야 한다.

우리 자녀들은 온갖 종류의 사람들이 사는 매우 다양한 세상에서 서로 관계를 맺고 살아가야 한다. 따라서 여러 상황과 사람들 앞에서 평화롭고 조화롭게 행동하는 법을 가르쳐 주는 일이 중요하다. 이를 위해서는 자신의 감정과 느낌을 관리하고 다양한 인종과 종교와 성적 선택권, 다양한 능력과 의견을 존중하는 법을 배우는 것이 기본이다. 사람들이 나와 다르다는 사실을 인정하고 고정관념을 버리면 세상을 좀 더 유연하게 바라보게 된다. 또한 부정적 감정을 느끼는 것이 정상임을 알려 주되 부정적 감정을 관리하는 법을 배우게 해야 한다.

Advice

✽ 자기주장이란 자신의 의견이나 감정을 나타내되 상대를 존중하며 적절하게 표현하는 능력이다. 자녀들이 더 성장하기 위해서는 자녀들이 원하거나 생각하는 것을 표현할 줄 알아야 한다.

✽ '부러움'의 감정을 관리하기 위해서는 자신의 상태를 파악하고 인정

한 후 자기비판을 통해 자신이 부러워하는 대상을 얻기 위한 적절한 방법을 찾을 수 있어야 한다.

✽ '질투'의 감정을 관리하기 위해서는 자신감을 갖고 강박관념에서 벗어나야 하며 상대가 자신의 소유물이 아니라 자유로운 존재임을 깨달아야 한다.

✽ '공격성'을 버리기 위해서는 스포츠 및 신체 운동처럼 긴장을 풀어 주는 활동과 협상 기술을 배우는 것이 효과적이다.

행복해지는 법 가르치기

✽ 행복도 배워야 한다. 행복은 환경과 배경, 생활과 별개이다. 주변 상황과 환경이 어려워도 얼마든지 행복해질 수 있다. 행복은 각자의 마음속에 있기 때문이다.

✽ 살다 보면 장애물을 많이 만나지만 인내하고 노력함으로써 극복하고 계속 도전해 나가야 한다.

✽ 살다 보면 거절의 대답을 자주 듣게 된다. 따라서 아이들도 이 사실을 빨리 받아들일 수록 좋다. '노'를 말하는 법을 배우는 것도 중요하다.

✽ 자녀가 좌절을 극복하고 그 좌절을 통해 배우도록 가르쳐야 한다.

✽ 자녀가 감정을 파악하고 그 느낌을 표현하도록 도와야 한다.

✽ 자녀가 행복해하는 일을 파악해서 할 수 있도록 한다.

✽ 자녀가 다양한 분야에 관심과 열정을 쏟게 한다. 행복의 샘이 한 곳이 되어서는 안 된다. 여러 취미와 관심사를 갖게 해야 한다. 그래야 행복의 샘 중 하나가 말라도 행복이 계속될 수 있다.

✽ 유머가 행복의 중요한 요소임을 알려 준다.

자녀와 함께 실천해 보기

자녀에게 여자아이를 그리되 축구공을 들고 있고 짧은 머리에 바지를 입은 등의 모습으로 그리라고 해 본다. 또 머리가 길고 치마를 입고 인형 놀이를 하는 남자아이를 그려 보게 한다. 그러고 나서 실제로 이런 여아, 남아가 있는지 함께 알아보고 의견을 나눈다. 이 일의 목적은 여아 또는 남아의 모습이 다양하고, 여기에는 옳고 그름이 없으며, 각자 원하는 대로 자기 모습을 표현할 수 있음을 깨닫게하는 것이다. 다른 사람이 어떻게 느끼고 어떻게 자신을 표현하는지 그 입장을 이해하기 위해 공감 능력을 키우는 일도 돕는다.

아이들은 부모의 말보다 부모의 행동을 따른다

나는 수많은 실수를 통해 아이들이 부모의 말보다 행동을 따른다는 교훈을 배우게 되었다. 내가 아이들에게 방을 치우라고 하면, 아이들은 엄마도 자기 방을 치워야 한다고 말한다. 아이들에게 소리 지르지 말라고 하면, 아이들은 내가 소리 지르고 있다고 말한다. 어머니와 아버지, 교사들이 완벽한 존재가 될 수는 없지만, 적어도 자녀들을 교육하려면 이 원리를 잘 알고 있어야 한다. 우리가 하려는 교육 방법은 우리의 행동과 일치해야 한다. 즉 페미니즘을 바탕으로 교육하려면, 가정 내에서 평등을 실천하는 일이 무엇보다도 중요하다.

어머니와 아버지의 역할

부모가 매일 집에서 하는 행동은 자녀들의 젠더 구성 과정과 미래 사회 발전에 매우 큰 영향을 미친다. 부모와 자녀의 행복한 미래를 위해서는 부모가 먼저 집안일과 자녀 양육을 분담해야 한다.

오늘날 스페인에서는 12세 미만의 아이를 키우는 여성 중 65.6퍼센트만 일을 하고 있다. 반면에 남성은 90.3퍼센트가 일을 한다. 또한 아버지들 중 2.7퍼센트만이 육아 휴직을 사용한다. 일하는 남성은 자녀를 돌보는 데 일주일에 9시간을 들이지만, 여성은 26시간을 보낸다.

누군가가 '이미 평등하다'고 말한다면, 좀 더 운이 좋거나 가정에서 이미 평등을 이루었다고 생각하기 때문일 것이다. 이성 간 결혼 생활에서 많은 어머니가 투쟁한 이유는 업무 부담이 아닌 정신적 부담 때문이다. 사회학자 수잔 발저Susan Walzer가 1997년에 실시한 「아기에 대한 생각」이라는 연구에는 한 해 전 23쌍의 부부를 대상으로 한 인터뷰 내용이 담겨 있다. 이 연구에 따르면, 여성은 남성보다 더 많은 일을 실행할 뿐만 아니라 해야 할 일을 미리 생각하고 계획한다. 계획과 실행 모두 여성의 책임이다.

오늘날 어머니와 아버지는 비슷한 일을 비슷한 시간 동안 할 수 있다. 아버지가 저녁을 하고 화장실을 청소하고 장을 보고 세탁물을 찾아오고 아이들의 숙제를 도와 줄 수 있다. 문제는 남성이 보통 여성의 명령에 따라 그 일을 한다는 데 있다. 즉 여성이 운영 책임자이고 남성은 명령에 따라 실행할 뿐이라는 것이다. 남성이 일을 많이 하는 가정이라고 하면 보통 절반 정도 일을 한다고 볼 수 있다. 그러나 가장 큰 문제는 여전히 대다수 가정에서 여성이 거의 모든 일을 계획하고 실행한다는 점이다. 게다가 눈에 보이지 않는 정신적인 부담까지 안고 있다. 모든 것을 생각하고 계획하는 여성의 정신적 부담 덕분에 집안일이 돌아간다. 해당 표를 보고 당신 또는 배우자가 하는 일을 표시해 보자. 분명 남성보다 여성이 하는 일이 많을 것이다. 하나하나 표시하면서 스스로에게 질문해 보자. 불평등이 존재하는가? 이것 말고도 더 해야 할 일이 생각나는가?

온갖 집안일의 종류

음식		아이들을 위해서는 학업에 도움이 되는 영양소가 골고루 들어간 건강한 음식을, 어른들을 위해서는 소화가 잘되면서도 맛있고 다양한 음식을 만들 계획을 세운다.
		필요한 식재료들을 살 때, 육류와 생선이 각각 어디가 더 싱싱하고 좋은지 해당 마트를 기억했다가 구입한다.
		음식을 만들며 식사 준비를 한다.
		자녀의 간식을 준비할 때, 건강을 고려해 포화지방과 트랜스지방이 안 들어 있는지, 단백질이 꼭 들어 있는지 확인한다. 최근에 언제 아이들이 좋아하는 간식을 주었는지 생각하고, 일주일 중 언제 다시 또 줄지 생각해 둔다.
		자녀의 간식을 구입한다.
		매일 자녀의 간식을 챙긴다.
		매일 가방 속에 자녀의 간식을 넣어 준다.
자녀의 옷		양말, 옷, 그 외 무슨 옷이 필요한지 알고 있다.
	언제쯤 옷이 작아질지 알고 있다.	자녀의 옷 중에 형제자매, 가족 또는 친구들에게 줄 만한 옷이 있는지 생각한다.
		아이에게 맞는 옷은 보관한다(그리고 필요할 때 잊지 않고 꺼낸다).
		만일 또 다른 자녀에게 필요하지 않으면, 누구에게 줄 만큼 상태가 괜찮은지 아니면 버릴지 구분한다.
		종이 가방 2개에 각각 옷을 담아 필요한 사람에게 전달한다.

자녀의 옷	옷을 사러 갈 때, 보통 옷을 구입하는 곳이 어디인지, 아이들과 함께 가지 않을 경우 좋아하는 취향과 치수를 알아 둔다.			
육아 도우미 (거의 늘 여성 담당)	언제 육아 도우미가 필요할지 계획을 세운다.			
	만일 평소에 함께하던 육아 도우미가 일을 못 하게 되면 믿을 만한 다른 육아 도우미에게 연락한다.			
	일할 수 있는지 연락해 보고 시간과 보수를 맞춘다.			
	자녀들에게 육아 도우미와 함께 잘 생활하라고 설명해 준다.			
	지급할 돈을 준비한다.			
자녀의 병원	검진과 예방접종 날짜를 챙긴다.			
	병원 예약을 한다.			
	자녀들을 병원에 데리고 갈 계획을 세운다.			
	매년 자녀의 검진에 필요한 전문의들이 있는지 알아본다.	치과	예약하기	
			병원 방문하기	
		안과	예약하기	
			병원 방문하기	
		피부과	예약하기	
			병원 방문하기	
		그 외	예약하기	
			병원 방문하기	
지불	지불 시기와 금액을 알고 있다.	과외 활동		
		가사 도우미		
	현금으로 결제할지, 계좌로 이체할지 결정한다.	선물과 그 외의 일		
가사	세탁	침대 시트와 수건 교체	교체 시기를 생각한다.	
			교체한다.	
		자녀들의 옷 중에 세탁할 옷과 옷장에 넣어 둘 옷을 분류한다.		
		세탁기에 넣는다.		
		세탁기에서 꺼내 옷을 넌다.		
		다림질한다.		
		다림질한 옷을 제자리에 정리한다.		
		이틀 동안 자녀들이 입어야 할 특별한 옷을 알고 있고, 옷을 준비하기 위해 언제 세탁을 해야 하는지 알고 있다.		

가사	장보기		구입 목록을 생각한다.
			구입한다.
			구입한 물건을 분류해 보관한다.
		파악할 점	올리브유를 다 사용해서 오늘 사지 않으면 저녁 때 샐러드를 만들 수 없다는 사실을 파악한다.
			치약을 다 써서 사야 한다는 사실을 파악한다.
			세제를 다 써서 새로 사야 한다는 사실을 파악한다.
			아침에 자녀가 먹는 쿠키가 떨어졌음을 파악한다.
			물건이 떨어질 시기를 짐작하고, 지금 바로 사지 않으면 생활이 좀 불편해질 것을 미리 파악한다.
	정리		집 안에서 물건이 놓인 자리에서 꺼내 쓰고 제자리에 놓는다.
			무엇을 보관할지 예상하고 저장 방법을 생각한다.
	유지 보수		전구의 이상을 감지하고 새로 갈아 끼워야 함을 기억한다.
			배수구 문제를 파악하고 있다.
			제품 구입을 기억한다.
			버린다.
			미작동이나 고장을 파악하고 수리할 것을 기억한다.
			도시가스 계량기의 사용량을 표시해 둔다.
			사용량을 적어서 담당자에게 숫자를 전달한다.
학교 생활	숙제(물론 자녀들이 독립적이고 책임감 있게 숙제를 하고 시험 준비를 해야 한다. 그러나 좀 더 간섭이 필요한, 즉 유급 가능성이 있는 자녀들도 있다)		숙제나 시험이 있는지 확인하고 무슨 숙제를 언제까지 제출해야 하는지 파악한다.
			숙제하는 데 필요한 재료를 구입하거나, 사진이나 복사물이 필요한지 살펴본다.
			자녀들에게 공부 시간을 상기시키고 공부하거나 숙제를 하도록 독려한다.
			알림장에 메모가 있는지 확인한다.
	교사들과의 모임		모임 날짜를 알아보고 참석할 수 있는지 확인한다.
			모임에 참석하기 위해 개인 일정을 조절, 계획한다.
			선생님과 개인 면담이 가능한지 여부를 확인한다.

		학교에서 하는 모든 외부 활동과 끝나는 시간을 파악한다.
학교 생활	학교 외부 활동	특정 장소에 데려다줘야 한다면 몇 시에 나가야 할지 예상한다.
		필요한 것을 파악하고 구입해서 가방에 넣어 준다.
	책과 준비물 구입	사야 할 책과 준비물을 기억한다.
		더 쉽게 사거나 빌리는 방법을 알아본다.
		주문한다.
		주문한 물건을 가지러 가거나 받는다.
학부모 모임	학부모 모임의 회비 납부에 대해서 알고 있다.	
	새로운 소식과 특별한 소식을 알기 위해 학부모 모임에서 오는 우편이나 이메일을 확인한다.	
학교 친구들 모임	생일	생일 날짜를 표시해 두고 다른 일과 겹치지 않게 한다.
		날짜를 확인한다.
		생일 선물을 준비하거나 선물 당번(대부분은 어머니)에게 준비한 선물을 전달한다.
		돈을 챙기고 선물 값을 지불한다.
		생일을 계획한 사람에게 고마움을 표현한다.
	과외 활동	자녀들이 원하는 과외 활동을 파악한다.
		활동 시간이 안 맞을 경우 자녀들과 의논해서 조정한다.
		매달 과외 활동이 없는 날이나 추가로 지불해야 할 비용을 파악한다.
		비용을 지불한다.
		과외 활동에 데리고 간다. 만일 자녀가 많다면 한 명 한 명 데리고 갈 계획을 세운다.
수업이 없는 날	학교 휴일이지만 부모는 일하는 경우	학교가 쉬는 날들을 미리 알아 둔다.
		쉬는 날 무엇을 할지 계획을 세운다.
	부모의 휴가와 자녀의 방학이 일치하지 않을 때	캠프 신청서의 제출 날짜를 기억한다.
		캠프 또는 더 좋은 선택 방법이 있는지 조사한다.
		캠프 또는 다른 선택에 대한 비용을 지불하고 예약한다.

방학	방학 날짜를 기억한다.
	다양한 여행지를 조사한다.
	숙박 시설을 예약한다.
	교통수단의 표를 구입한다.
	가방을 꾸릴 계획을 세운다.
	여행에 필요한 물건을 생각한다.
	여행 시 자녀들에게 필요한 것들을 고려한다.
	필요한 것은 구입한다.
	가방을 싼다.
	가방을 풀고 정리한다.
여가	기존 여가 선택지들을 생각한다.
	함께할 수 있는 친구들에게 연락해 본다.
	자녀들의 반응을 확인하고 자세한 계획을 세운다.

직장인 어머니를 둔 딸과 아들

하버드 비즈니스 스쿨의 캐슬린 맥긴Kathleen L. McGinn 교수는 직장 생활을 하는 어머니가 딸과 아들에게 미치는 영향에 관한 연구를 실시했다.[43] 그녀는 일하는 어머니와 함께 자라는 것이 이후 직업과 관리 책임, 소득, 집안일 배분 및 가족 돌봄에 미치는 영향을 알아보기로 했다. 2002년부터 2012년까지 24개 선진국의 5만 명을 대상으로 분석한 결과, 직장인 엄마를 둔 아들은 이후 배우자와의 관계에서 훨씬 더 평등한 관계를 형성한다는 놀라운 사실이 밝혀졌다. 그런 남성은 집안일과 양육에 더 관심이 많고, 집안일과 직장 일이 똑같이 중요하다는 사실을 더 잘 알고 있었다.

이 연구에서는 직장인 어머니를 둔 딸들의 소득이 가정주부 어머니를 둔 딸들보다 23퍼센트 더 높게 나타났다. 반복해서 말하지만, 나는 직장 일이 우리의 필요를 채워 주는 주요 원천이 아닌 세상에서 살기를 바란다. 사람들이 개인적인 삶을 더 많이 누릴 수 있는 경제 체제가 되길 바란다. 하지만 그때가 오기 전까지는 빈곤에서 벗어나 독립적으로 살기 위한 방법은 많은 재산을 상속받거나 일을 하는 것 뿐이다. 그래서 우리는 대부분의 시간을 일하느라 보낸다.

아버지와 어머니가 있는 가정에서는 '포기'가 동등하게 이루어지는 것이 중요하다. 업무 시간 단축, 유급 휴가, 아버지 또는 어머니의 출산 휴가에 대한 법률은 부모 모두가 함께 가정을 책임지고 공유하는 모범을 보이는 방향으로 제정되어야 한다. 지금은 주로 가족을 위해 노동을 포기하는 쪽이 여성이다. 가장 이상적인 모습은 누구도 자기 일을 그만두지 않고 서로 조정해 나가는 것이다(자녀 양육만이 아니라 생활 전체의 조정을 뜻한다). 그때가 올 때까지는 여성인 우리가 노동 희생으로 미래에 피해를 볼 수도 있음을 알아야 한다. 물론 가정의 두 책임자가 모두 이 사실을 깨달아야 한다. 캐슬린 맥긴 교수의 연구는 이런 배경들이 어떻게 사회를 구성하는 기초가 되는지를 보여 주는 분명한 예이다.

또 다른 연구에서는 아동 폭력에 노출되어 있거나 젠더 불평등 태도를 가진 남아와 성인 남성이 여아와 성인 여성에게 폭력을 저지를 가능성이 더 높다는 결과가 나왔다.[44] 이것은 남아들이 집에서 보는 대상을 곧 자신의 행동이나 태도의 모델로 삼는다는 점을 의미한다. 만일 아들이 아버지가 어머니를 향해 욕하거나 무시하거나 때리는 모습을 보고 자랐다면, 아무리 공동 교육, 페미니스트 교육을 받는다고 해도 갈등이 생길 때 그렇게 해결하려 들 것이다.

양성을 포괄하는 용어 사용하기

말할 때 양성 모두를 포함하는 포괄적 용어를 사용하는 것이 중요하다. 보통 언어에서 모든 의미장°은 남성 중심적이고 성차별적이며 성인 여성과 여아는 대변하지 않는다. 이것은 저절로 자연스럽게 생긴 게 아니라 남성중심주의와 지배적 가부장제 사회의 구성물이다. 즉 인류의 언어는 남성이 모든 기준이 되는 세상의 시선으로 만들어졌다.

메르세데스 벤고에체아Mercedes Bengoechea는 언어가 세상과 현실에 대한 우리의 인식을 반영하는 동시에 그것을 만들어 간다고 했다.[45] 즉 사람을 포함한 주변을 설명하기 위해 사용하는 용어와 문장, 언어가 그것을 해석하고 구조화하는 방법을 만든다는 뜻이다. 또 이런 사실이 수세기 동안 여남 간의 부당한 관계를 만드는 데 큰 역할을 했다.

벤고에체아는 이런 사실을 철저히 연구하고 분명한 예를 들어 몇 가지 분류를 만들었다. 여기에서는 여성이 '연약한 성'으로 분류되었다. 여성을 정중하게 부를 때는 '세뇨리타señorita'(미혼 여성) 또는 '세

---

o 의미상으로 관련이 있는 단어들의 집합.

뇨라señora'(기혼 여성)로 구분했다. 그러나 남성은 달랐다. 남성은 결혼 여부에 상관없이 '세뇨르señor'라고 부른다. 전통적으로 '남자 형제와 여자 형제', '아버지와 어머니', '아들과 딸', '남자와 여자'로 나눌 때도 늘 남성이 먼저 언급된다. '파일럿piloto' 또는 '군인soldado'처럼 여성의 직업을 지칭하는 단어가 아예 없는 경우도 있다.° 상황에 따라 '여의사médica' 또는 '여성 음악가música'라는 단어가 있지만 그렇게 널리 쓰이지는 않는다.∞

언어에는 거대한 상징적 의미가 있고, 언급되지 않으면 존재하지 않는 것이 된다. 언어는 여성을 의도적으로 눈에 띄지 않게 만든다. 남성적인 표현은 여성을 대표할 수 없고, 남성 중심적인 언어는 불평등을 조장하고 지속시킬 뿐이다. 따라서 자녀를 공동 교육할 때, 남성 중심적 언어를 사용하지 않고 여성도 드러낼 수 있는 포괄적 언어를 선택하도록 주의를 기울여야 한다.

✱ '사람'이란 말을 쓸 때 여성형 단어로 표기한다.∞∞∞

✱ '여아'와 '남아'라고 말하는 대신, '유아'나 '자녀' 등 포괄적인 단어를 사용한다.

✱ '옴브레hombres' 대신 '세레스 우마노스seres humanos'∞∞∞∞라는 단어를

° 스페인어는 단어의 성이 구분되어 있지만, 여성 파일럿이나 여성 군인을 뜻하는 단어가 따로 없다.

∞ 대부분 의사médico 또는 음악가músico라고 할 때 남성형 단어를 사용한다.

∞∞∞ 보통 스페인어에서는 남성형 명사 '옴브레hombres'라는 단어를 써서 사람을 총칭한다. 저자는 여기서 '사람'을 뜻하는 여성형 단어인 '페르소나persona'를 사용하길 권한다.

∞∞∞∞ 인간을 뜻한다.

쓰고, '모레노morenos'ᵒ 대신 한쪽 성에 치우치지 않고 양성 모두를 아우를 수 있는 표현인 '페르소나스 모레나스personas morenas'∞ 등을 사용한다.

✽ 대상 중 여성이나 여아가 남성보다 많을 경우 남성형 대명사 대신 여성형 대명사(그녀들)를 쓴다.∞∞

역할 놀이
아이들에게 엄마와 아빠의 역할을 맡겨 보자. 그리고 놀이처럼 엄마와 아빠의 모습을 따라 하게 시킨다. 아이들이 표현하는 모든 역할을 기록해서 실제로 그런 역할이 있는 건지, 아니면 아이들의 젠더 의식 때문인지 살펴본다.

우리 자녀들이 사용하는 언어는 모든 사람을 포함하는 포괄적인 언어여야 한다. 몽세라 모레노Montserrat Moreno가 『여성이 되는 법 가르치기: 학교 내 성차별주의Cómo se enseña a ser niña: el sexismo en la escuela』에서 말한 것처럼, 어머니는 딸에게 언어를 가르칠 때 자기도 모르게 소통하는 법뿐만 아니라 세상을 해석하는 체계도 가르친다. 예를 들어, '여아'라는 단어를 배우면서 아이는 조금씩 여아가 된

ᵒ 모든 흑인(여성과 남성 모두) 또는 흑인 남성을 뜻한다.
∞ 흑인인 사람들을 뜻한다.
∞∞ 스페인어에서는 여성과 남성이 섞인 '사람들'을 지칭할 때, 보통 성별 비율에 상관없이 무조건 남성형 복수 대명사(그들)를 사용한다.

다는 것이 무엇을 의미하는지 깨닫게 된다.

자녀들과 협상하는 기술

여성과 남성은 사회적 기술이 부족해서 서로를 이해하지 못하는 경우가 종종 있다. 가부장제와 남성우월주의는 이해하기 힘든 복잡한 체제이지만 그래도 확실한 사실이 있다. 그 체제 안에서 협상과 갈등을 해결하는 기술이 부족하면 폭력과 언어 공격, 깎아내리기 등이 자주 나타날 수밖에 없다는 점이다. 우리는 미래의 어른이 될 아이들이 분노와 불일치를 경험할 때 폭력을 쓰지 않도록 협상의 기술을 가르쳐야 한다.

일상생활 속에서 부모가 자녀들과 협상해야 할 때가 많다. 협상은 좋은 교육이 된다. 자녀들은 협상을 통해 합의를 이루면 평화롭게 문제가 해결될 수 있음을 배운다. 또, 협상의 기술을 이용해서 좀 더 효율적인 사람이 될 수 있다. 협상은 우리에게 부과된 모든 규정을 다 지키지 않고도 살 수 있게 해주는 필수 불가결한 사회적 기술이기 때문이다.

✽ 상대의 요구를 귀 기울여 듣고 중요하게 여겨야 한다. 상대에게도 같은 자세로 들어주길 요청한다.
✽ 자신의 목적을 분명히 밝히되 협상을 통해 좋은 합의에 이르기 위해서 그 목적이 바뀔 수도 있음을 명심한다.

✽ 논리를 펼치는 법을 배운다. 확실한 자료와 설명, 수많은 정보를 모아야 한다. 그러기 위해서는 지속적인 연습이 필요하다.

✽ 양쪽에게 다 좋은 합의점을 찾기 위해 열린 마음으로 모든 대안을 찾아봐야 한다.

✽ 절대 상대방의 요구에 대해 욕하거나 평가 절하하지 말아야 한다.

✽ 해결책을 찾는다.

협상의 우선순위를 정하고 협상 과정에서 포기하지 않는 법을 가르친다. 예를 들어, 오늘 숙제가 많은데 공원에서 아이가 놀고 싶어 한다. 만일 일에 대한 계획을 잘 세우는 법을 가르치면, 두 가지를 다 할 수도 있다. 잠깐 공원에서 친구와 놀고 집에 들어와서 숙제를 하는 것이다. 그러나 이럴 경우엔 잠들기 전에 잠깐이라도 책을 읽을 시간은 없이 바로 잠자리에 들게 될 것이다.

또 다른 예로, 거실을 정리해야 하는데 아이가 친구가 있는 공원에 나가서 놀고 싶어 한다. 그 순간 자녀와 바로 협상을 시작한다. 공원에 가서 놀 수는 있지만, 집에 돌아와서는 놀지 못하고 곧바로 방을 청소해야 한다고 말해 준다.

갈등을 해결하는 기술

모든 여성과 남성은 살면서 많은 갈등을 경험하기 때문에 특별한 기술을 익혀야 한다. 협상 기술은 기본이고 상황이 복잡해질 때를 대비해 갈등을 해결하는 기술도 익혀야 한다.

첫째, 먼저 갈등 상황과 요인을 명확히 파악한다. 즉 갈등과 분쟁 또는 불일치가 있음을 깨닫고 상황을 정확히 파악한다.

둘째, 감정을 확인한다. 분쟁으로 발생하는 감정들을 알아본다.

셋째, 자신의 욕구를 표현하고 상대방의 욕구를 귀담아듣는다. 자신의 의견을 표현하고 상대방의 의견을 적극적으로 경청한다.

넷째, 해결 방법을 찾는다. 양쪽 모두에게 도움이 되는 방법을 찾도록 대화해 본다.

다섯째, 해결책을 실행한다. 최종적으로 결정한 해결 방법을 실행에 옮기는 일이 중요하다.

Advice

하지만 아이들은 갈등을 해결하는 기술이 통하지 않는 상황도 있다는 사실을 알아야 한다. 예를 들어, 따돌림과 성희롱 또는 상대방의 행동 장애로 발생하는 갈등에는 도움이 안 될 수도 있다. 이런 경우에는 대화가 아닌 강압적인 개입이 필요할 수 있다. 따라서 아이들에게 강압적인 방법이 필요할 수 있음을 미리 알려 준다. 이때는 어른에게 도움을 요청하고 상대와 모든 대화를 마무리해야 한다.

우리 딸들이 자유로우면서도 우쭐대지 않게, 우리 아들들이 자유롭고 존중받을 수 있게

치마만다 응고지 아디치에의 『엄마는 페미니스트』를 읽고 자녀들과 이야기를 나누어 보자. 그리고 종이에 아주 잘 보이게 이 페미니스트 운동가의 조언들을 적는다. 나이지리아 출신의 작가가 방금 딸을 낳은 친구에게 건네는 조언들은 페미니즘을 시작하는 데 아주 중요한 이야기이다. 잘 보이는 곳에 내용을 적은 종이를 붙이고 늘 그 내용을 기억하며 지키도록 하자.

조용하다고
더 예쁜 건 아니다
독립적이고 자유로운 딸로 키우기

자유는 직접 실천할 때 배우게 된다.

클라라 캄포아모르Clara Campoamor

나는 딸들이 태어난 순간, 그 아이들이 스스로 결정을 내리고 꿈을 품고 온전히 독립적이며 자유로워질 수 있는 유일한 방법이 역량 강화임을 확신했다. 즉 어떤 삶을 선택하고 어떤 사람이 되고 싶은지 스스로 결정할 수 있는 진짜 권한을 주는 것이다. 그러나 아주 어릴 때부터 권한을 주는 것은 그리 간단한 일이 아니다. 아이들에게 권한을 줄수록 부모인 나 자신의 권위는 줄어들기 때문이다. 그럼 어떻게 이 능력을 길러 줄 수 있을까? 나는 아이들이 아주 어렸을 때부터 자신의 일들을 실행뿐만 아니라 결정도 혼자 하게 하려고 했다. 물론 좀 더 순탄한 생활을 위해 일상생활에 몇 가지 규칙과 제한을 두기도 하지만, 아이들이 스스로 결정하도록 많은 자유를 주고 대화를 통해 그 결정에 확신을 갖게 하고 있다.

자유를 제한하는 경우도 분명 있지만 그건 내게도 똑같이 적용한다. 예를 들어, 차 안에서는 늘 안전벨트를 매고 횡단보도에서는 초록색 불일 때만 길을 건널 수 있다. 학교에 가야 하고 숙제는 책상에 앉아서 해야 한다. 더 안전한 사회를 만들기 위해서 지켜야 할 기본 규칙들은 협상 대상이 아니다. 우리의 자유가 누군가에게 피해를 준다면 그 역시 더 이상 자유가 아니다. 예를 들어, 큰 소리로 노래하고 싶어도 옆집에 피해를 줄 수 있고, 거실에서 뛰고 싶어도 아랫집에 피해를 줄 수 있기 때문에 모든 것을 자유롭게 할 수는 없다. 내가 아이들에게 샤워하라고 여러 번 말하면, 그건 자신의 자유니까 강요할 수 없다고 말한다. 물론 아이들은 자유로운 존재이지만, 아이들이 어릴 때는 본성을 잃지 않고 자유의 길로 갈 수 있도록 인도해야 할 의무가 내게 있다.

딸들의 역량을 강화하는 일은 곧 여성에게 권력과 자율성, 자유를 주는 것이다. 무방비 상태에서도 상대와 맞서 싸우는 법을 가르치는 일이기도 하다. 이것은 아이들이 원하고 느끼며 선택한 대로 삶을 이끌어갈 능력을 뜻한다. 가부장제에 종속되지 않고, 필요하다면 정당한 권리를 위해서 싸울 수 있는 기술도 제공해야 한다. 아이들이 남성우월주의를 감지하고 그것과 싸우며 원하는 것을 추구함으로써 자신이 제안한 모든 것을 할 수 있다는 점을 알려 주기 위해서이다.

이런 권한 부여는 단지 아이들의 개인적인 목표를 위해서만은 아니다. 여성이 권력을 얻고 가부장제를 비판하며 사회 정의와 진정한 평등을 이룰 집단적 영향력을 갖기 위해서이기도 하다.

여성 폭력에 맞서는 가장 강력한 무기

2004년 아프리카, 아시아, 라틴 아메리카 12개 국가의 여아들에 대한 교육 실태 조사가 이루어졌다.[46] 조사 결과, 수많은 여아가 다양한 형태의 폭력(강간, 성희롱, 협박, 괴롭힘, 위협) 때문에 학교를 그만둔 사실이 밝혀졌다. 그래서 이를 바로잡기 위한 '학교 내 소녀 폭력 금지' 프로젝트가 생겼다. 사람들은 여아들의 자신감을 향상시키고 폭력과 차별에 목소리를 높이도록 훈련함으로써 많은 공격을 예방했음을 깨달았다. 또 다른 연구에서는 문제 해결 능력과 리더십이 있는 소녀들이 미래의 남성우월주의 공격을 더 잘 예방할 수 있다는 결과가 나왔다.[47]

남성우월주의 공격의 잘못은 남성에게 있다. 분명한 사실이다. 이것을 없애기 위해 분명한 교육을 받아야 할 대상도 남성이다. 그러나 여성도 남성우월주의를 알아채고 공격을 허용하지 않는 방법과 공격을 받을 때 맞서 싸우는 법을 알고 있어야 한다. 모든 위기를 잘 넘길 수 있는 힘이 필요하다.

평등한 젠더 규범을 만들고 폭력을 종식하기 위해서 성인 여성과 여아들의 역량을 강화해야 한다고 강조하는 또 다른 연구가 있다.[48] 전 세계적으로 여성 3명 중 1명이 파트너에게 신체적 또는 성적 폭력을 당하고 파트너가 아닌 대상으로부터도 성적 폭력을 경험한다. 이 연구에 따르면, 이런 폭력은 여성의 삶 초기에 시작되는데, 청소년의 거의 30퍼센트가 데이트 폭력을 경험하는 것으로 추정된다. 이 자료에서는 성폭력을 경험한 15~19세 소녀 중 상당수가 15세 이전에 처음으로 성폭력을 경험했다고 강조한다. 2015년 여성 폭력에 대한 스페인의 설문 자료들을 보면 심히 걱정스럽다. 파트너가 있는 25세 미만의 여성 중 21퍼센트가 남성우월주의 폭력에 시달렸고, 전체 여성의 9퍼센트가 피해를 당했다.

여성 폭력의 위험 요소는 폭력의 유형과 맥락에 따라 다르지만 반복되는 것들이 있다. 젠더 불평등을 지속시키는 법률과 정책, 불평등한 젠더 규범, 성차별적 고정관념, 어린 시절부터의 폭력……. 이 모두가 가부장제 사회가 우리에게 준 것들이다.

이런 연구에서는 '지배적인 남성성'이 변화의 대상이지만, 여아의 자신감과 신체 이미지, 능력에 치명적인 영향을 주는 '수동적인 여성성' 또는 여성의 종속을 유지시키는 규칙들도 싸워야 할 대상임을 분명히 하고 있다. 이렇게 여성의 역량 강화가 여성의 무력감과 성폭력 및 학대에 맞서 싸울 수 있는 가장 강력한 무기임이 증명되었다.[49]

여성은 불평등을 인식하고 그 불평등이 '정상적인' 것 또는 '자연스러운' 것이 아니라 부당한 것임을 인식할 때 역량을 강화할 수 있다. 어린 시절 놀이 역할을 통해 이루어진 사회화로 여성과 남성은 사적, 공적 영역에서 차별화된 모습을 보인다.

성별 차이로 인한 '차별의 일상화'는 지속적인 불평등을 유발한다. 그리고 이 불평등은 여성의 역량 강화는 물론이고 모든 차별과 지배, 폭력적인 체제에 대한 여러 투쟁을 방해한다. 따라서 이런 사실을 직시하기만 해도 미묘하지만 명백한 폭력에 종지부를 찍을 수 있고, 양성 모두가 사적 영역뿐만 아니라 공적 영역에서도 자유로운 사회를 만들 수 있다.

우리가 딸들에게 자유를 주어야만 그 아이들이 앞으로 나아가든 순응하든 스스로 결정할 능력이 생긴다. 그러므로 페미니즘으로 교육하고 스스로 자유를 행사하는 법을 가르치는 게 기본이다.

여아의 역량 강화는 기존 여성의 취약성을 드러내는 통계와 달리 가능한 한 다양한 선택지를 통해 미래에 만족할 만한 직업을 얻고 경력을 쌓으려고 노력한다는 의미이다. 온전히 독립적이고 누구에게도 의존하지 않는 존재가 된다는 의미이기도 하다. 결론적으로 여성의 역량 강화는 지금 우리 여성에게 필요한 유일한 도구이다.

굴복하지 말고, 굽실거리지 말고, 복종하지도 마라

여기에서 한 가지 분명히 알아야 할 사실이 있다. 불평등과 남성우월주의 폭력이 계속되는 원인은 가부장제 때문이라는 점이다. 어떤 경우든 여성이 받는 공격은 그녀들의 잘못 때문이 아니다. 그렇다고 꼭 그 억압에 맞서 싸우는 용감한 사람이 되어야 하는 것도 아니다. 학대를 당하는 여성들은 위험에서 벗어나려고 노력해야 하지만 슈퍼 영웅이 될 필요는 없다. 그녀들이 심리적, 신체적 학대에서 벗어나지 못하게 방해하는 요인들로부터 벗어나기 위해서는 역량 강화가 필요하다. 여성은 가부장제로 인한 고정관념 때문에 학대받는 상황을 모면하고 방어할 기술을 갖지 못했음을 깨달아야 한다. 따라서 여성의 역량 강화가 무엇보다 중요하다. 여성은 반드시 스스로를 지켜야 하는 존재이다.

많은 경우 가정과 학교에서 이루어지고 있는 교육이 여성의 유형을 결정한다. 예를 들어, 어머니나 아버지가 권위적이면 충분한 대화 없이 규칙을 강요당하고 벌도 많이 받을 것이다. 이런 가정교육을 받은 여성은 자존감이 낮고 순종적이고 쉽게 굴복하고 의존적이며 (다른 사람들이 하는 말을 따르도록 교육받았기 때문에) 자기 느낌을 잘 표현하지 못하게 된다. 결국 이런 식의 교육은 미래에 남성의 공격과 폭력을 그대로 받아들이는 여성 집단을 만들 것이다. 그리고 그 집단은 무엇을 하든 전혀 영향력을 행사하지 못할 것이다.

반대로 아주 관대한 교육과 과잉 보호 속에서 모든 결정을 스스로 내리긴 해도 어른의 단호함이나 제재를 경험하지 못한 여아는 변덕스럽고 자기만족만 신경 쓰는 사람으로 자랄 가능성이 높으며, 좌절을 견디지 못하거나 자기 통제가 힘들 수도 있다. 이런 경우 어느 정도 역량을 강화할 수는 있지만 나르시시즘에 갇혀서 사회성과 감성 지능을 키우기는 어려울 것이다. 따라서 적절한 균형감을 갖되 자신의 본능에 따라 원하는 방향에 적합한 정보를 따르길 조언한다.

역량 강화는 집단이 자기 관리를 통해 생활 조건을 개선할 수 있도록 권한을 부여하는 것이다. 여성의 역량 강화에는 여성의 권력 접근성을 높이고 불평등한 성관계를 변화시키려는 의도가 있다. 이미 말한 것처럼 남성우월주의 폭력과 공격성, 젠더 불평등 문제를 해결하기 위해서는 모든 아이에게 이 교육을 하는 것이 중요하다. 여아들에게 자존감 교육을 하고 어릴 때부터 리더십과 힘의 기술을 제공하면 미래에 남성우월적 폭력과 공격성이 상당히 감소한다는 사실이 이미 입증되었다.

여아들에게 늘 조심하고 외모만 신경 쓰며 올바른 일에 나서는 걸 귀찮아해도 나중에 생활과 일에서 성공할 수 있다고 교육하는 것은 이치에 맞지 않는다. 여아도 권한과 통제력을 가지면 계획한 모든 일을 할 수 있다. 말로만이 아니라 직접 행동하며 주변을 바꾸어 나가야 한다.

나에게 맞는 정체성 찾기

분명한 사실이 하나 있는데, 여아에게 권한을 준다고 해서 여아가 남아처럼 변해야 하는 건 아니다. 즉 남성이 모든 것의 기준이 아니고, 여성의 목적이 남성의 목적과 같을 필요도 없다. 여아는 자신의 여성성 또는 존재 방식에 맞는 모습을 찾고 그것을 바탕으로 역량을 강화하는 방법을 찾아야 한다.

우리는 고정관념이 어떻게 여아의 자아 개념에 반영되는지 보았다. 대부분 그 고정관념은 매우 파괴적이고 해로우므로 여아는 편안함과 자신감을 가진 상태에서 정체성을 정립해야 한다.

자아 개념과 자존감

인류학자 마르셀라 라가르데Marcela Lagarde는 젠더 혼합주의 syncretism에 대해서 말했다.[50] 가부장제의 계층 구조 때문에 여성은 자존감을 잃고 불안과 두려움, 수줍음을 느끼며 스스로를 검열하고 남성에게 많은 부분을 의존한다. 그러면서도 동시에 새로운 여성 페미니스트, 즉 자신감을 갖고 자기 능력을 신뢰하며 독립적인 여성이 되기 위해 투쟁한다. 이 양면성 때문에 여성은 살면서 감동과 애정 및 모순적인 생각을 동시에 경험한다. 지금의 여아들이 커서 이런 일들을 경험하지 않게 하려면 어떻게 해야 할까? 바로 페미니즘으로 교육하고 역량을 강화하면 된다.

모든 여아는 자기만의 것이라고 말할 수 있는 자신의 특징을 알고 있어야 한다. 긍정적인 자존감과 자아 개념을 형성하기 위해서는 먼저 '정상'이라는 잣대 대신 모든 선택이 가치 있음을 인정해야 한다. 어릴 때부터 자신을 소중히 여기는 방법이 이후의 삶에 영향을 주기 때문이다.

자아 개념이란 우리가 자신에 대해서 이해하고 있는 내용이다. 이 내용은 사회적 능력, 신체적 능력, 일하는 능력, 창의력, 성격 및 신체적 특징을 말한다. 이런 특징에 대한 느낌은 늘 주관적이겠지만, 가능한 한 현실적으로 접근하려고 노력해야 한다. 무엇보다도 이런 특징은 긍정적 혹은 부정적으로 평가될 수 없다는 사실을 알아야 한다. 이 특징들이 사회적 구성물이 되어 우리를 코르셋 안에 가두기 때문이다. 어떤 여아가 불합리하고 고집 센 모습을 보일 때 이 모습이 부정적이라고 생각할 수 있지만, 그 감정을 적절하게 조절하는 법을 배우면

오히려 장점이 될 수도 있다. 흔히 부정적이라고 여겨지는 행동이나 성격이 오히려 남들보다 높이 올라갈 수 있는 발판이 될 때도 있다.

내 딸들 중 한 아이는 아주 불같은 성격이라서 화가 나거나 뭔가를 요구할 때 남들이 보면 무례하게 보일 수도 있다. 그러나 나는 그 성격을 긍정적으로 본다. 그런 성격이 삶에서 원하는 것을 얻고 발전해 나가는 데 도움이 되기 때문이다. 물론 아이는 덜 전투적인 자세로 사람들을 대하는 법을 배워야 한다. 그래서 아이와 나는 타인에게 피해를 주지 않으면서 분명하게 자신의 생각과 느낌을 전달하는 능력을 키우고, 긍정적인 리더십을 발휘하며 명상 등을 통해 스트레스를 조절하는 법을 배우려고 노력하고 있다. 한마디로 단점을 올바르게 사용할 줄 알면 대부분은 장점이 될 수 있다는 말이다.

단점이 장점으로!

부정적인 개념	긍정적으로 변화할 가능성
나서길 좋아한다.	리더 기질이 있다.
고집스럽다.	악착같아서 원하는 것을 얻기 위해 싸울 수 있다.
쉽게 화낸다.	자신의 감정과 불만을 표현할 수 있다.
잘 운다.	감수성이 풍부하다.
겁이 많다.	신중하다.
불안정하다.	모험가 기질이 있다.

자존감은 현실이 어떻든 자신을 소중히 여기는 마음이다. 만일 여아들이 자아 개념을 잘 형성한다면 여아들의 자존감도 높아질 것이

다. 자존감은 자아 개념과 밀접한 관련이 있지만 완전히 똑같은 건 아니다. 하지만 자아 개념을 제대로 갖추면 자신의 능력이나 결핍과 상관없이 올바른 자존감을 키울 수 있을 것이다. 즉 자기 능력을 자각하면 한계도 깨닫지만, 동시에 자기 능력을 다루는 법도 알게 되고 높은 자존감을 얻게 된다.

자아 개념을 알고 자존감을 발전시키는 과정에서 취미를 갖는 일도 중요하다. 성격과 외모, 능력뿐만 아니라 자신의 정체성과 좋아하는 것, 취미도 발전시켜야 한다. 누구도 자신의 호기심이나 관심사를 없애거나, 삶의 방식이나 취향 등을 마음대로 바꿀 수 없다는 사실을 배우는 게 가장 기본이다. 아이가 계속 변하는 건 당연하다. 시간이 지나면서 생각이나 선택(좋은 것도 포함)도 바뀔 수 있다. 그러나 늘 아이가 원하는 것을 선택하게 해야 하고, 아무도 그 선택을 강제로 바꾸어서는 안 된다.

Advice

'자기 자신을 설명하기'는 아주 좋은 연습 방법이다. 성격과 좋아하는 것, 강점, 약점, 외모, 여가 시간에 주로 하는 것들, 커서 되고 싶은 것들(꼭 직업적인 부분만이 아니라 어떤 부류의 사람이 되고 싶은지)에 대해 이야기하게 해 보자. 그리고 열심히 노력해서 원하는 것을 이루라고 격려하자.

자기 몸을 소중히 여기는 일도 매우 중요하다. 수많은 광고나 영화 같은 미디어가 미의 기준을 제시하지만, 여성의 외모는 아주 다양하며 절대적인 아름다움이란 없음을 알려 주어야 한다. 이런 사실을 분명히 알면서도 자기 외모에 만족하지 못하고 힘들어한다면, 되도록 자기 외모를 인정할 수 있도록 진지한 대화를 통해 함께 해결해 나가야 한다. 전 세계의 15~17세 청소년 중 92퍼센트가 자신의 외모 중 적어도 한 군데를 바꾸고 싶어 한다고 한다. 특히 체중에 가장 신경을 많이 쓴다. 이것은 가부장제와 남성우월주의가 여성들에게 완벽한 외모를 강요하고 압박한 결과이다.

여아들은 자기 자신에 대해 만족하고 자신의 외모를 있는 그대로 인정하며 행복해야 한다. 만일 외모의 특정 부분에 만족하지 못하면 그 이유가 주변의 압박 때문은 아닌지 진지하게 생각해 볼 필요가 있다. 자신의 몸무게와 키, 얼굴, 남과 다른 특징에 만족할 줄 알아야 한다. 그런 특징들이 곧 자신만의 개성을 보여 주기 때문이다. 그러나 그 특징들 때문에 행복하지 않다면 더 큰 문제인 섭식 장애나 콤플렉스를 막기 위해 자신을 인정하고 건강을 유지할 수 있도록 우리가 올바른 조언을 해 주어야 한다.

Advice

아이의 사진을 선택한 후 잘라서 종이에 붙인다. 그리고 외모 중 가장 마음에 드는 부분을 골라 펜으로 표시하게 한 다음, 이번에는 가장 마음에 들지 않는 부분을 고르게 한다. 그중에 자존감을 높여 주는 요인인 자신에게 마음에 드는 부분이 얼마나 많은지 함께 평가한다. 아이가 보지 못했던 장점들을 보게 하고, 아이가 생각하는 단점이 장점이 될 수 있도록 돕는다. 공적, 사적 영역에서 단점을 장점으로 승화시킨 사람들을 떠올려 보게 한다. 외모 때문에 아무것도 못 하게 되면 안 되고 외모와 상관없이 원하는 것을 얻을 수 있다고 말해 주자.

외모가 중요한 직업 세계에서도 아름다움의 표준 기준에 맞추지 않고 성공한 여성들을 소개해 준다. 알렉 웩(Alek Wek)°, 레나 던햄(Lena Dunham)°°, 바브라 스트라이샌드(Barbra Streisand)°°°, 로시 드 팔마(Rossy De Palma)°°°° 등 수없이 많다. 여성의 모습이 수없이 다양하다는 사실을 깨닫게 하기 위해 관련된 사례들과 도움이 될 만한 정보를 제시해 주는 것이 중요하다.

여성의 삶은 다양하다

거의 모든 사람들은 취향과 취미에 성별이 따로 없다고 생각한다. 외모가 우리를 여성으로 결정짓는 것도 아니다. 여아들은 살아가면서 각자 무엇을 하고 싶은지를 결정한다. 매니큐어를 칠하고 싶은지, 배우자를 만나 결혼을 하고 싶은지, 자녀를 낳고 엄마가 되고 싶은지, 축구를 하고 싶은지, 염색하고 싶은지 말이다. 그러나 사실상 이

○   미국의 배우이자 감독으로 신체의 핸디캡을 긍정적으로 승화시켰다.

∞   난민에서 세계적인 슈퍼 모델이 된 인물이다.

∞∞   미국의 가수이자 배우로 전형적 미인은 아니지만 실력을 통해 외모까지 특별한 매력으로 승화시켰다.

∞∞∞ 스페인의 영화배우로 미인은 아니지만 독특하고 강렬한 이미지로 예술계, 패션계에서도 큰 주목을 받고 있다.

140

모든 일은 생각보다 훨씬 더 복잡하다.

오늘날 여성과 남성은 다른 여성의 자유로운 선택을 보고 그녀들을 판단한다. 만일 머리를 파란색으로 염색하면 평범한 삶을 거부하는 현대 여성이 된다. 서른 살인데 헬로키티 가방을 메고 다니면 유치한 사람이 되고, 값비싼 명품 가방만 메고 다니면 된장녀가된다. 또, 아찔하게 높은 하이힐을 신고 다니면 패션에 집착하는 사람이 된다. 만일 캥거루맘°이라면 자기 삶을 포기한 사람이 되며, 자기 삶을 즐기면 자녀를 제대로 돌보지 않는 엄마가 된다. 만일 자녀를 낳은 것을 후회한다면 아주 나쁜 사람이 되는데, 또 그런 후회가 전혀 없으면 아주 지독한 사람이 된다. 자녀를 낳지 않으면 이기주의자가 되고, 배우자가 없다면 뭔가 문제가 있는 이상한 사람이 된다.

이런 일은 수없이 많다. 우리 여성은 발을 내디딜 때마다 감시와 검열을 받는다. 반면, 남성은 여성처럼 계속 판단을 받거나 감시당하지 않는다. 우리는 다양한 모습의 여성이 있고 우리 자신도 그 모습 중 하나임을 인정해야 한다.

만일 딸아이가 역량이 강화되고도 기존의 젠더 고정관념을 계속 유지하고 싶어 한다면 어떻게 해야 할까? 이로 인해 부정적 행동을 하는 것도 아니고 그것이 어떤 의미인지 제대로 이해하고 있다면 고정관념에 따른 행동들은 더 이상 아이에게 부정적인 것이 아니다.

○ 캥거루처럼 자식을 곁에 두고 조종하며 무엇이든지 다 해 주려는 엄마를 일컫는 말.

친구의 딸은 손톱에 매니큐어 칠하는 것을 너무 좋아하고, 어릴 때부터 망사와 스팽글이 잔뜩 달린 분홍색 옷을 입는 걸 아주 좋아했다. 그런데 그 아이가 이런 걸 좋아하면서도 마음속으로는 그 모든 고정관념을 버리고 싶어 한다면 어떻게 해야 할까? 나는 그 아이가 정말 원하지 않는데 인내심 때문에 자신을 억누르고 있을까 봐 걱정스럽다. 만일 당신은 딸이 역량을 강화하길 바라지만, 아직 반짝이는 공주 옷을 입고 바비 인형을 너무 좋아하며 방 안을 온통 하트로 도배하고 있다면 어떻게 할 것인가? 끝까지 참아 줘야 한다. 물론 한때일 수도 있지만, 아이 스스로 공주가 되기로 했다면 그 선택을 존중해야 한다. 역량 강화란 아이에게 권한을 준다는 뜻이기 때문이다. 이것은 누군가가 공주가 되라고 강요해서 그렇게 된 것과는 전혀 다르다.

모든 고정관념이 다 해롭지만 그중에 더 심한 것이 있다. 예를 들어, 여아의 '예뻐야 한다'는 고정관념은 콤플렉스나 불안정, 식욕 부진 또는 과식증으로 이어질 수 있다. 여아가 인문학에 강하고 남아가 과학에 강하다는 고정관념 역시 여아가 직업적으로 큰 꿈을 품는 데 방해가 되고, 그 결과 여성의 빈곤화를 낳는다. 또 남아가 공격적이라는 고정관념이 계속되면 성인이 된 남아는 여성을 지배하려고 할 것이다. 이런 세상을 만들어 가는 사람은 우리 어른들임을 꼭 명심하자.

여자아이들에게 무엇이 필요할까?

페이스북 최고 운영 책임자인 셰릴 샌드버그는 여성 대부분은 직무에서 요구하는 사항을 100퍼센트 달성하는데 남성은 60퍼센트를 달성한다고 말했다. 과연 이유가 무엇일까? 이성애 가부장제 heteropatriarchy는 남성이 하는 일은 전부 가치가 있고, 여성이 하는 일은 절반만 가치가 있다는 생각을 심어 주었다. 어떻게 된 일일까? 여아가 리더가 되면 '우쭐거린다'고 말하면서 그런 행동을 고치라고 요구하기도 한다. 6세부터 여아는 남아가 자신보다 더 똑똑하다고 생각하는데, 그 아이들이 받는 교육들이 그런 생각을 심어 주기 때문이다. 아이들은 태어나면서부터 두 가지 다른 시나리오를 갖는다. 여아의 시나리오 속 역할은 인형 돌보기, 요리하기, 장보기이다. 수업 시간에도 교사들이 여아보다는 남아에게 더 많은 발언권을 주는 것으로 드러났다.

과연 이런 문제들을 해결할 수 있을까? 사실 이렇게 사회가 계속 불평등하다면 상황은 더 복잡해질 것이다. 이런 상황을 세상에 드러내고 변화에 필요한 모든 힘을 모아야 한다.

앞에서 살펴본 것처럼 여아마다 특성이 다르고 그 차이점들이 더 멋진 사람으로 만들어 준다. 따라서 우리는 여아의 정체성, 존재 방식, 취향, 개인적 관심사를 존중하면서 가부장제 속에서도 발전할 수 있도록 사회적이고 감정적인 기술들을 가르쳐야 한다.

자신감

여아에게 자신감을 심어 주기 위해서는 먼저 모든 사람을 다 좋아할 필요가 없고 꼭 다른 사람들의 구미에 맞춰 행동할 필요도 없음을 알게 해야 한다. 여아들이 또 무엇을 더 알아야 할까?

첫째, '노'라고 말하는 법을 알아야 한다. 여아는 언제라도 '노'라고 말할 수 있어야 한다. 이 부분에서 많은 여성이 불안이나 불편을 겪는다. 다른 사람들을 기쁘게 해 주고 잘 따라야 한다고 교육을 받았는데 '노'라고 말하면 배워 온 모든 것을 어기는 것이라고 생각하기 때문이다. 그러나 우리 딸들은 자신이 생각하는 대로 말하는 법을 배워야 한다. '노'는 다른 대답과 마찬가지로 정당한 대답이기 때문이다.

Advice

만일 딸들이 '노'라고 말하는 법을 배우지 못하면, 불편한 상황을 만나도 거절하지 못한다. 그 결과 삶이 더 혼란스러워질 것이다. "완두콩이 싫다.", "치과에 가기 싫다.", "이 옷을 입기 싫다."라고 말하는 것이 좋은 태도이다. 아이가 싫다는 표현을 잘하기 위해서는 보호자(교사)가 아이에게 '노'라는 표현에 효과가 있음을 증명해 주어야 한다. 즉 아이가 싫다고 할 때 그 말을 존중해야 한다.

1. 특정 상황에서 아이가 '노'라고 말할 때, 귀를 기울여야 한다.
2. 양배추를 먹는다면 완두콩을 먹는 게 그렇게 중요하지 않을 수도 있다. 그러니 합의점을 찾아본다.

3. 치과에 가는 것은 꼭 해야 하는 일로, 이런 일에 대한 '노'는 협상할 수
   없다.
4. 만일 특별한 행사에 참석해야 하는데 정해 준 옷이 싫다고 하면, 의견
   을 듣고 합의점을 찾는다.

둘째, 자기주장 하는 법을 알아야 한다. '노'라고 하거나 상대방에게 거부 의사를 밝히는 것은 자기주장의 기본이다. 이 기술은 자기 의견을 방어하고 서로를 존중하며 상대방과 이야기를 풀어 나가는 데 꼭 필요하다.

Advice

딸아이가 카페에서 찬 음료를 주문했는데 뜨거운 음료가 나왔다고 생각해 보자. 그럴 때 아이가 웨이터에게 음료를 바꿔 달라거나 뜨거우니까 얼음을 넣어 달라고 요청하도록 격려해야 한다. 그리고 자신이 원하지 않는 상황에서는 단호하게 '노'라고 말하되 상대에게 늘 예의 바르게 말하고 상대의 주장도 이해하면서 함께 해결점을 찾아야 한다는 사실을 이해시켜야 한다.

셋째, 친절한 건 좋지만, 늘 그럴 필요는 없다. 자기주장하는 법을 알려 줄 때 다른 사람에게 친절하고 예의 바르게 대해야 한다고 가르쳐야 하지만, 할 말을 못 하면서까지 친절할 필요는 없다. 또한 심하

게 대하는 사람들로부터 자신을 방어하고 그들에게 불평하며 화를 낼 권리가 있음을 알려 주어야 한다. 분노는 정상적인 마음의 반응이고 그런 감정을 느끼는 것은 좋은 일이다. 주변 사람들에게 상처를 주지 않도록 자신을 잘 다스릴 줄 알아야 하지만, 표현하는 일 자체를 부끄러워할 필요는 없다. 특히 누군가가 자신에게 원하지 않는 일을 하고, 싫다고 말해도 계속 반복할 때는 절대 친절하게 대하지 말아야 한다. 즉 늘 자기 목소리를 낼 줄 알아야 한다. 만일 상대가 듣지 않는다면 큰소리를 쳐서라도 표현해야 한다.

Advice

나는 딸들의 머리를 빗겨 줄 때마다 "친절한 건 좋지만 늘 그럴 필요는 없다."라는 말을 생각한다. 머리카락이 엉켜 있는 부분을 빗겨 줄 때면 늘 아이들의 비명이 들린다. 그 비명을 들을 때마다 기쁜데, 아이들이 싫은 상황에서 불편함을 표현할 능력이 있다는 증거이기 때문이다.

넷째, 투쟁 정신을 기르고 분노를 조절하는 법을 알아야 한다. 호기심과 자기 계획이 있는 건 좋은 일이다. 여아들은 열심히 노력하면 언제나 원하는 바를 이룰 수 있다는 사실을 알아야 한다. 만일 원하는 것이 안전지대에서 멀리 있다면, 아이들의 노력을 격려하고 현실적으로 지원해야 한다. 원인과 결과를 이해하기 위해서는 노력의 가치를 아는 것이 기본이다. 실패 또한 받아들일 줄 알아야 한다. 켄 로

빈슨Ken Robinson의 말처럼 실수를 감수해야 한다.[51] "만일 실수를 제대로 인정하지 못하면, 절대 독창적인 일이 생길 수 없다." 나는 무언가를 처음 시작해서 잘 되지 않으면 에디슨의 말을 떠올린다. 한 기자가 에디슨이 적합한 텅스텐 필라멘트를 만들기 위해 수천 번 실패했다고 말하자, 에디슨은 이렇게 대답했다. "저는 실패하지 않았고, 전구를 만들지 못하는 999가지 방법을 발견했을 뿐입니다."

Advice

100점을 받고 싶으면 공부를 많이 하면 된다. 아이들은 성공하기 위해서 노력과 인내심, 끈기가 중요함을 이해해야 한다. 모든 것이 단번에 되지 않는다는 사실도 알아야 한다. 중도의 실수가 찾고 있는 것의 열쇠가 될지는 아무도 모르기 때문이다. 시험 탈락, 원하는 것을 제대로 표현하지 못한 그림, 오답을 쓴 수학 문제 등은 더 나은 학습을 위한 길이다.

만일 여아의 꿈이 영화배우, 대통령 또는 암 치료 물질을 발견하는 과학자라면, 더 큰 노력을 해야 하고 경쟁도 치열할 것이며 어쩌면 그 꿈을 이루지 못할 수도 있음을 알려 준다. 그러나 아이에게 용기를 주고 도와주면서도, 원하는 결과를 얻지 못할 경우 다른 대안을 찾아도 좋다는 사실을 깨닫게 한다. 무엇보다도 아이들이 실수와 좌절, 실패를 잘 넘기는 법을 배우는 게 중요하다. 행복한 사람은 실수를 통해 배우고 그 실패를 건설적으로 활용하기 때문이다.

다섯째, 가면 증후군에서 벗어나야 한다. 여아는 자신이 결단하고 노력하면 모든 것을 얻을 수 있음을 알아야 한다. 많은 여성이 스스로 성공할 자격이 없다고 여기고, 성공을 해도 노력이나 능력 때문이 아니라 운이 좋아서라고 생각한다. 여성은 급여를 올려 달라고 말하거나 프로젝트를 이끌거나 야망을 품는 일 등을 어려워한다. 여아들이 이런 감정에 빠지지 않기 위해서는 리더십과 자신감이 기본이 되어야 한다.

Advice

여아들은 어릴 때부터 가면 증후군을 경험한다. 경연 대회에서 상을 받아도 받을 자격이 없다고 생각하고, 100점을 받으면 자신의 능력을 의심하며, 능력에 대한 진심 어린 칭찬을 받아도 과찬이라거나 칭찬받을 만한 능력이 아니라고 생각한다. 따라서 그 성공이 운 때문이 아니라 노력, 끈기, 뛰어난 능력의 결과임을 가르쳐 준다. 뭔가를 성공하면 성공할 자격이 충분히 있다는 사실 또한 알려 주어야 한다.

여섯째, 용감한 사람이 되어야 한다. 용감한 행동은 처음 학대의 기미가 보일 때 그 관계를 정리하고, 상사의 말에 동의하지 않는다고 표현하고, 남자 혹은 여자 친구에게 우정의 관계가 적절하지 않다고 말하고, 원하지 않거나 의심스러운 상황이 생기면 '노'라고 거절하고, 원하는 것을 얻기 위해 싸우고, 계획을 평가받기 위해 스승을 찾아가고, 열정을 불태울 만한 일을 찾는 것이다. 우리는 여아들을 용감한 사람이 되도록 교육하고 있는가? 절대, 아니다.

자녀들을 용감하게 키우기 위해서는 불안감을 조성하거나 겁을 주지 말고 교육해야 한다. 그런데도 남아보다 여아에게 종종 좀 더 신중하고 조심하라고 가르칠 때가 많다. "조심해.", "웅덩이 쪽으로는 들어가지 마.", "질문하지 않으면 먼저 말하지 마.", "나무에 올라가지 마.", "날카로운 물건은 가지고 놀지 마.", "말대답하지 마." 등등. 처음부터 위험한 일을 금지하면, 여성은 비행기 조종사가 아닌 승무원이 되고, 의사가 아닌 간호사가 될 수밖에 없다. 물론 승무원이나 간호사가 더 좋지 않다는 건 절대 아니지만, 대체로 남성이 조종사와 의사를 선택하고, 여성이 승무원과 간호사를 선택하는 경우가 많다.

우리는 아이들의 신체적 안전과 교육을 책임져야 하지만 어느 정도는 균형을 이루어야 한다. 만일 여아가 위험해 보이는 나무에 올라가려고 한다면, 안전하게 올라가도록 주의 깊게 살펴보며 도와 줄 수 있다. 말대꾸를 잘하는 아이라면, 말대꾸가 자기주장을 하는 방법과 같다고 말하면서 좋은 방향으로 교육할 수 있다.

Advice

딸에게 좀 더 복잡한 심부름을 시켜서 기존의 안전지대에서 벗어나게 해 보자. 예를 들어, 주유기에 넣을 잔돈이 필요할 때, 잔돈을 바꾸는 일을 시킨다. 레스토랑에서 웨이터에게 직접 후식을 주문하라고 시킬 수도 있다. 누군가로부터 딸의 선물을 대신 받았다면, 전화해서 직접 감사를 표현하라고 할 수도 있다. 이처럼 아이가 어려운 상황에 직접 부딪쳐 보게 한다.

리더십

리더십은 타고날 수도 있지만 만들어질 수도 있다. 리더십은 가정에서든 직장에서든 장소와 관계없이 계획을 수행할 때 사람들에게 긍정적인 영향을 줄 수 있는 능력이다. 좋은 리더는 다른 사람이 따르도록 동기 부여를 하고 일을 위임할 수 있는 능력을 갖춰야 한다. 이는 각 사람의 장단점을 파악하고, 시간이 필요한 사람들을 끈기 있게 도와줄 수 있는 능력이기도 하다. 리더는 카리스마가 있는 혁신가이며, 창의적이고 목표 의식이 뚜렷하다. 그렇다면 어떻게 해야 리더십이 생길까?

첫째, 팀워크를 촉진한다. 각자의 역할을 파악하기 위해 팀별로 하는 게임을 권한다. 팀을 이끌기 위해서는 리더십이 있어야 한다. 즉 분석적이고 표현력이 뛰어나며 아이디어가 많아야 한다. 그리고 구성원 각자의 역할을 잘 파악할 줄 알아야 한다.

Advice

게임을 하되 아이마다 각자의 역할을 맡긴다. 즉 누군가는 발표하고, 누군가는 정보를 찾고, 누군가는 정보를 분류하고, 누군가는 종이에 그 내용을 쓰고, 또 다른 누군가는 공동 작업이 잘 이뤄지도록 지시한다. 단, 이 역할들은 모두 돌아가면서 해야 한다. 그럼으로써 아이들이 하나의 계획을 이루기 위해서는 모든 역할이 중요하다는 사실을 깨닫게 한다.

둘째, 다른 사람의 말을 듣는다. 사람들의 역할들을 파악하기 위해서는 그들의 말을 들을 줄 알아야 한다. 그래야 단순히 맡은 역할뿐만 아니라 그 기여도까지 정확히 평가할 수 있다.

Advice

이 능력을 개발하는 데 도움이 될 만한 좋은 보드게임들이 있다. 이 게임들을 통해 창의력을 키우거나 이야기를 이해할 수 있다. 경청이 기본이 되는 게임이 있다면 자녀들이 주변 사람들의 말을 듣는 법을 배우는 데 아주 유용할 것이다.

셋째, 한계를 인정한다. 리더는 모든 사람이 완벽하지 않기 때문에 계획을 실행하기 위해서는 다른 사람의 의견이 필요함을 인정해야 한다.

Advice

주변 사람들을 관찰하고 그들의 장단점을 파악하는 게 중요하다. 자신의 장단점도 인정해야 한다. 이런 식으로 사람들을 바라보면 모든 사람이 꼭 필요한 존재임을 깨닫게 될 것이다. 주위에서 3~4명을 선택하고, 그들이 무엇을 잘하고 못하는지 분석해 보는 것도 좋은 방법이다.

넷째, 공감을 한다. 다른 사람의 입장에서 생각하고 그들이 왜 그렇게 행동하는지, 어떤 기분인지 이해할 수 있어야 한다.

다른 사람의 입장이 되어 본다. 단순한 동정심이 아니다. 다른 사람에게
벌어지는 일을 머릿속으로 생각해 보는 것은 공감 능력을 키울 수 있는
최고의 방법이다. 갈등이 생길 때마다 다른 사람의 입장에서 그 행동의
이유와 불안 요소가 무엇인지 알아야 한다.

　다섯째, 참고 자료를 찾아본다. 여아들에게 영감을 줄 수 있는 참고 자
료 말이다. 아이들이 좋아하는 내용이나 인물뿐만 아니라 잘 알려지지 않
고 가르쳐 주지 않아서 처음 보는 인물에 대한 것일 수도 있다. 우리는 여
성 과학자와 여성 수학자, 여성 천문학자, 여성 작가, 여성 강연자 등을 찾
아서 그녀들의 전기와 성공, 어려움, 업적 등을 알려 주어야 한다.

여아들이 참고할 만한 여성들이 많지는 않다. 프리다 칼로(Frida Kahlo)[o], 아멜
리아 에어하트(Amelia Earhart)[oo], 가르비네 무구루사(Garbine Muguruza)[ooo], 제

---

[o]　멕시코의 화가로 소아마비와 교통사고 후유증으로 인한 삶의 고통을 예술로 승화했다.
[oo]　여성 비행사로는 최초로 대서양을 건넜다.
[ooo]　베네수엘라의 테니스 선수로 두 번의 그랜드슬램 챔피언이다.

인 구달(Valerie Jane Goodall)[○], 조지아 오키프(Georgia O'Keeffe)[∞], 시몬 바일스(Simone Biles)[∞∞], 말랄라 유사프자이[∞∞∞], 에이다 러브레이스[∞∞∞∞], 니나 시몬(Nina Simone)[∞∞∞∞∞], 에멀린 팽크허스트(Emmeline Pankhurst)[∞∞∞∞∞∞] 등이 있다.

삶에서 성공을 이룬 여성들은 우리에게 영감을 준다. 분명 딸들이 관심을 두는 분야 또는 주변 사람들이나 가족 중에 성공한 여성이 있을 것이다. 만일 없다면 아이가 바로 그 본보기가 될 수도 있다.

대장 노릇을 하는 여자아이

리더십을 타고난 여아들은 종종 너무 나대며 대장 노릇을 하는 것처럼 보일 수 있다. 그러나 대장 노릇을 하고 상황을 주도하려고 해도 괜찮다. 이런 행동을 비판하는 사람들도 있겠지만, 모든 사람의 마음에 다 들 수는 없다. 오히려 이 점을 아이에게 가르칠 기회가 될 수도 있다. 또한 상황을 주도하더라도 나머지 사람들이 참여하도록 이끌며 때로 양

[○] 영국의 유명한 동물학자이자 인류학자.
[∞] 20세기 미국 미술계에서 독보적인 위치를 차지하는 여성 화가.
[∞∞] 인종과 신체적 단점을 극복한 미국의 체조 선수.
[∞∞∞] 파키스탄의 시민운동가로 최연소 노벨상 수상자이다.
[∞∞∞∞] 최초의 여성 컴퓨터 프로그래머.
[∞∞∞∞∞] 미국의 재즈 가수로 인종 차별을 반대하는 노래를 통해 미국의 공민권 운동에 큰 영향을 끼쳤다.
[∞∞∞∞∞∞] 영국의 여성 참정권 운동을 이끈 시민운동가.

보도 할 줄 알아야 한다고 가르쳐야 한다. 모두가 참여하는 것이 중요하기 때문이다. 이 능력은 앞으로도 아주 유용하기 때문에 어떤 이유로든 꼭 기르고 유지해야 한다.

여아는 대장 노릇을 잘 못하지만, 남아는 그 반대이다. 남아는 스스로를 대장이라고 생각하기 때문이다. 따라서 현실을 바라보는 눈이 변해야 한다. 이런 영향을 받고 성인이 된 많은 여성이 권력과 책임의 위치에 흥미를 덜 느끼기 때문이다.

Advice

미국에서 '대장 노릇 한다는 말 사용 금지(Ban Bossy)' 캠페인이 열렸다. 이것은 남아가 리더일 때는 리더라고 치켜세워 주면서 여아가 리더일 때는 대장 노릇 한다고 생각함을 일깨워 주는 캠페인이다. 이 캠페인은 여아들에게 단지 대장 행세를 하는 게 아니라 정말 대장이라는 메시지를 전달한다. 또 교육의 중기 단계에서 성인기까지 여아가 사람들을 지도하고 이끄는 데 관심이 적다는 사실을 강조한다. 여기에서는 아주 흥미로운 비디오가 여러 편 만들어졌다. 이 비디오를 통해 여아와 성인 여성은 자신이 진짜 대장이라는 사실을 재확인했고, 그 사실만으로도 더 힘을 얻게 되었다.

그렇다면 어떻게 인식을 바꿀 수 있을까? 대화를 바꾸고 이야기를 바꾸어야 한다. 이를 입증할 만한 사례를 찾아보자. 여아들은 대장 노릇을 하는 게 아니라 실제로 대장이며, 계속 이런 사실을 기억하면서 본보기가 될 만한 힘 있는 성인 여성들과 여아들의 영상을 찾아보자.

자율성과 독립성

나는 4남매 중 막내딸이다. 고백하건대 나는 막내라는 역할에 매우 충실해 왔다. 내 성격은 가족 안 내 위치랑 딱 맞다. 그래서 내 딸들은 이런 나의 영향을 받고 혜택도 입는다. 나는 막내딸이라서 다른 형제들에 비해 걱정이 적은 자유로운 영혼이다. 그러니 아이들이 학교에 뭘 가지고 가야 하는지도 잘 모르고 도서관에 책을 언제 반납하는지도 별로 신경 쓰지 않는다. 그 결과 내 딸들은 스스로 잘 준비하는 아이들이 되었고 매우 자율적이다. 아이들에게 필요한 것을 챙겨 주지 못해도 아이들은 스스로 상황을 잘 대처하고 책임질 수 있다. 나는 종종 일부러 바보짓을 할 때도 있다. 그리고 아이들이 해야 할 일을 스스로 깨닫도록 보이지 않게 감시한다. 나는 통제하는 엄마들(흔히 '헬리콥터 맘'이라고 부른다)과는 정반대이다.

여아들이 독립적인 여성으로 자라게 하기 위해서는 무엇보다도 유년기에 독립심을 심어 주는 일이 가장 중요하다.

❋자율성: 가능한 자기 일은 스스로 하도록 어릴 때부터 가르친다. 단순히 여아가 혼자 옷 입고 먹고 노는(그리고 무슨 놀이를 할지 결정하는) 게 아니다. 혼자 기분 전환을 할 줄 알고, 목이 마르면 스스로 물을 마시고, 말하지 않아도 주변을 정돈하고, 일상생활 속에서 독립적이고 주도적으로 행동하는 연습을 하는 것이다. 자율적인 사람이 된다는 것은 공부나 숙제를 하거나 갈등을 해결하는 방법을 스스로 찾을 줄 안다는 뜻이다.

❋책임감: 먼저 집 안팎에서 능력에 따라 책임을 부여한다. 그러면 아무리 어

려도 과제를 해낼 수 있을 것이다. 능력에 맞게 혼자 길을 건너게 하거나 간단한 심부름 등으로 시작해서 조금씩 난이도를 높인다. 집에서는 침대 정리를 하거나 다음 날 가져갈 책가방과 옷을 챙길 수도 있고 간식을 준비 하거나 세탁기에 옷을 넣을 수도 있다.

✱ 아무에게도 의지하지 않기: 경제적, 사회적으로 독립적인 사람이 되도록 교육하기 위해서는 스스로 노력해서 돈을 벌 능력을 갖추게 해야 한다. 따라서 돈을 벌기 위해서 어떤 노력을 해야 하는지 알고 보상을 얻으려고 노력하게 한다.

✱ 의사 결정: 아이들은 매일 의사 결정을 하는데 그 일은 자율성과 관계가 깊다. 아주 쉬운 결정부터 시작해서 조금씩 수준을 높인다. 궁금한 점에 대해서는 의문을 품고 늘 부모와 이야기를 나눌 수 있다는 확신을 갖게 한다.

Advice

하루 종일 원하는 바를 스스로 결정하게 해 보자. 그렇게 하면 매 순간 해야 할 일을 결정하게 된다. 아이가 자신의 하루를 잘 책임질 수 있을까? 분명히 잘할 수 있다. 실제로 테스트해 보면 아이가 모든 일을 할 수 있음을 직접 확인하게 될 것이다.

힘과 회복력

전쟁 피해자와 불법 고용 피해자, 성폭력, 대인 지뢰°, 실직 및 고아로 고통을 겪은 8~17세 아이들에 대한 연구가 진행되었다.[52] 이 아이들의 90퍼센트가 적절한 도움을 받으면 고통으로 인한 정신적 상처를 극복할 수 있다는 결과가 나왔다.

국가를 떠나야 하거나, 전쟁으로 가족을 잃거나, 납치나 지속적인 공격을 당하는 등의 극단적인 상황이 아니어도 모든 삶에는 장애물이 있다. 죽을 때까지 원하는 자리에 오르지 못할 수도 있고 가까운 지인들이 병에 걸릴 수도 있다.

나는 가장 키우기 힘든 능력이 회복력이라고 생각한다. 물론 장애물을 만나도 행복해질 수 있다. 어떤 장애물은 해결할 수 있고, 죽음도 따지고 보면 삶의 일부이기 때문이다. 해결되지 않으면 그 장애물과 함께 살아가는 법을 배우면 된다. 물론 그렇다고 해서 우리가 여아들에게 그런 상황에 순응하도록 가르쳐야 한다는 뜻은 아니다. 그 아이들에게는 모든 일을 변화시킬 힘이 있지만 통제할 수 없는 상황들도 있기 마련이다. 따라서 혹시 그런 상황들이 생겨도 행복해지는 법을 알아야 한다. 여성의 역량 강화를 위해 가능한 일찍 이 사실을 깨닫게 해야 한다.

여아들은 살다 보면 만날 수밖에 없는 장애물을 극복하는 법을 배우고 그것에 직면할 줄 알아야 한다. 그러기 위해서는 힘을 기르고

◌　사람을 살상할 목적으로 만들어진 지뢰.

삶에서 나타나는 새로운 도전을 준비해야 한다. 낙관주의와 긍정적인 태도가 궁극적인 방향이자 목표가 되어야 한다.

여아의 역량 강화 기술은 회복력을 갖추는 데 기본이 된다. 즉 자존감과 자신감과 의사 결정 능력을 교육하기, 자신의 감정을 알고 표현하도록 격려하기, 문제 해결과 통제와 협상을 위한 전략을 가르치기 등은 회복력을 기르는 데 꼭 필요한 요소이다.

Advice

여아들이 안 좋은 일을 경험할 때 회피하게 해서는 안 된다. 크면서 주변에서 일어나는 일들에 관심을 갖게 하자. 안 좋은 일이 생겼을 때 우리 힘으로 극복했던 경험도 들려준다. 어릴 때부터 안 좋은 상황들을 꼭 경험할 수 있는 건 아니기 때문에 영화나 다른 사람의 특별한 상황에 비추어 회복력을 교육할 수 있다.

어머니가 되는 일

어머니가 되는 일은 다른 일들과 마찬가지로 여성에게 하나의 선택 사항이다. 여성이라고 꼭 어머니가 되어야 하는 것도 아니고, 딸들에게도 여성으로서 꼭 해야 하는 일이라고 전해 줄 필요가 없다. 아주 어렸을 때부터 아기를 무척 좋아하고 돌보는 일을 즐기는 여아들이 있다. 커서 어머니가 되고 싶어 할 가능성이 높지만 그 마음이 바뀔 수도 있다. 또 어떤 여아들은 어렸을 때는 전혀 생각해 보지 않았지만 나중에 어머니가 되고 싶다는 생각을 하게 될 수도 있다(본능적으로 하는 것은 아니다). 아니면 아예 그런 생각을 하지 않을 수도 있다.

각자 무슨 선택을 하든 어머니가 되는 일은 여성의 삶의 전체가 아닌 일부라고 알고 있는 것이 좋다. 어머니는 딸들에게 다음의 대상들에 대해 구애받지 않고 살아야 한다고 강조해야 한다. 즉 배우자(자식의 아버지일 수도 있고, 아닐 수도 있다), 직업, 자주 만나는 친구들, 취미와 관심사 등이다. 친구들과 우정이나 관심사, 취미를 나눌 때도 있지만 그렇지 않을 때도 있다는 점을 알아야 한다. 내 경우, 딸들이 내 삶에서 가장 중요하긴 하지만 내 전유물은 아니다. 비록 내 머릿속에는 딸들이 가득하지만 나를 행복하게 해 주는 또 다른 중심축이 있다. 나는 딸들이 자신들을 전유물로 독점하지 않는 어머니를 보면서 자라길 바란다. 어머니는 어머니일 뿐만 아니라 한 명의 여성이기도 하다.

나는 어머니가 되기로 했을 때 숨이 막힐 정도로 무거운 가부장제의 존재를 느꼈다. 확실히 많은 여성이 자신의 가정을 꾸리거나 직장을 가질 때 같은 느낌이었을 것이다. 나는(이미 페미니스트였을 때) 어머니가 되어야 한다는 엄청난 압박감과 이와 관련된 불평등한 상황을 목도했다. 따라서 어머니가 되는 일에 대해서 딸들과 이야기를 나눠 보는 것이 매우 중요하다고 생각한다.

나는 스페인 여성들이 출산 과정에서 어떻게 불필요한 모든 관례를 견디고 있는지 이해할 수가 없었다. 때때로 굴욕적인 치료까지 견뎌야 한다. 앞에서 말한 것처럼 그런 상황을 겪지 않기 위해 나는 기존의 전통 의료 시스템에서 벗어나야 했다. 그 경험은 내가 딸들을 처음 팔에 안자마자 경험했던 불평들과 맞먹는 실제 사례이다.

첫 딸이 태어났을 때 한창 애착 육아가 유행이었다. 애착 육아는 모유 수유 기간을 늘리고 아이를 팔로 안거나 포대기를 사용하거나 아이와 한 침대에서 자는 등의 육아법이다. 그래서 이 방법을 따르면 거의 자동으로 좋은 엄마가 되고 아이에게 도움이 된다고 생각했다. 이 방법은 제한하지 않는 교육과 목가적이고 소중한 유년 시절을 위해 엄마가 자녀들에게 완전히 헌신하길 권한다.

학교에서는 긍정적인 부분을 주로 강조하고 젖니가 빠질 때가 되어야 읽고 쓰게 한다. 솔직히 이론적으로 볼 때는 완벽한 교육이다. 나는 첫아이를 가졌을 때 이와 관련된 책을 수십 권 보며 완벽하게 준비했다. 그러나 아이가 태어난 후 모유 수유를 비롯해 그 이론에서 말하는 것의 절반도 실천할 수 없었다.

세계보건기구에서는 수유기가 아기들에게 가장 좋은 시기라고 말한다. 나도 동의한다. 그러나 내 상황에서 책임질 수 없는 것들은 과감히 포기하기로 했다. 내게는 불편하고 어려운 일이었기 때문이다. 이 결정이 아주 자연스러운 것이었는데도 나는 뭔가 마음이 불편했다. 이 양육 모델이 모두에게 맞는 게 아니라는 사실을 깨닫는 데 수년이 걸렸다. 나는 딸들에게 모유 수유를 하지 않았고, 그 이유에 대한 질문을 수도 없이 받았다. 물론 내가 알기로는 오랫동안 모유 수유를 하는 여성들도 그 이유에 대한 질문을 꽤 많이 받는다.

'희생'과 '어머니'는 서로 붙어 다니는 단어들이다. 자녀를 갖는다는 것은 자녀가 혜택을 받도록 노력해야 함을 의미한다. 수유하는 일부터 밤에 잠도 못 자고 아기를 보살피며 자신의 삶을 포기하고 다른 계획들을 연기하며 희생해야 한다. 이런 상황이 벌어질 수 있다는 사실을 받아들여야 하지만 이때 꼭 어머니가 모든 책임을 져야 하는 건 아니다. 이 과제는 동등하게 나눌 수 있는 일이기 때문이다.

혹시 배우자와 함께 모유 수유를 할 수 없다고 생각하는가? 내 친구는 두 아이에게 모두 모유 수유를 했지만 남편이 그녀와 함께 매일 밤에 일어나서 한 아이의 수유가 끝날 때까지 다른 아이를 돌봤다. 그리고 수유가 끝난 아이를 받아서 트림을 시키고 재웠다. 아이를 돌보는 모든 일을 똑같이 나누어서 했다. 가능한 일이다. 이런 일이 실제로 존재한다.

엘리자베트 바댕테르는 어머니가 되는 일과 관련된 모든 일에 의문을 품고, 자녀를 위해 모든 걸 헌신하고 장기간 모유 수유를 하는 등 완벽한 어머니가 되어야 한다는 생각에 반대하며 항의했다.[53] 또한 최근 몇 세기 동안 어머니가 되는 일이 어떻게 변해 왔는지 알려주고, 모성 본능의 존재에 대해 의문을 품었던 시몬 드 보부아르를 비롯한 수많은 여성의 의심을 재확인했다.

첫째, 여성이라고 모두가 어머니가 되고 싶어 하는 게 아니며, 설령 그렇다고 해도 모두가 모유 수유를 원하는 건 아니다.

둘째, 사람들은 여전히 어머니가 되길 원하지 않는 여성들을 '비정상'이라고 생각하면서 그 이유를 물어본다.

엘리자베트 바댕테르는 여성이 자녀를 갖는 것이 자연스럽고 정상이라는 생각에서 해방되라고도 주장한다. 자연스러운 일? 정상적인 일? 앞에서 이야기한 것처럼, 자연스럽거나 정상적인 것은 사회를 바꾸는 데 전혀 도움이 안 된다.

많은 여성은 어머니가 되는 일의 신비를 벗기거나 어머니가 된 것을 공개적으로 후회하며 말할 때 수많은 질문 공세를 받는다. 자녀들을 원하고 보호하며 지키는 어머니들은 희생을 강요하는 사회에서 감시를 받아도 불평조차 할 수 없다. 그래서 육아가 힘들고 숨 막히며 진이 빠지는 일이라고 제대로 말하지 못한다. 우리는 육아를 하는 내내 이런 상황 속에 너무 빠져 있어서 순진하게도 어머니가 되는 일이 한가하고 평화로운 일이라 착각하기도 한다. 사회와 친구들, 그리고 미디어는 어머니가 되는 일의 뒷면을 말하지 않는다. 어떤 어머니는 갓난아이에게 젖을 먹이기 위해 밤에 30분 간격으로 일어난다. 어떤 아기는 이유도 없이 잠에서 깨어나 밤새 잠을 자지 않는다. 또 어떤 아기는 복통으로 우는데 몇 시간을 달래도 소용이 없다. 그래서 보통 어머니들은 시간이 지날수록 계속 잠이 모자라거나 스트레스로 고통을 겪는다.

이 사회는 이론상으로는 아주 정상이지만, 실제로는 우리가 넘기 힘든 목표를 제시한다. 우리가 그 목표와 기준을 따라가지 못하면 문제 여성이 된다. 만일 우리가 다음 세대를 페미니즘으로 교육하지 않으면 우리 딸들도 그렇게 될 것이다. 페미니즘을 바탕으로 하는 교육에서는 부모가 자녀를 똑같이 돌보아야 한다.

유리 천장을 부순 여성들의
사례 살펴보기

미국 내 유리 천장을 부수고 개척자가 된 여성들의 사례를 한번 살펴
보자.

셀레나 고메즈Selena Gomez는 인스타그램 팔로워가 1억 명이 된 첫 번
째 여성이다. 일한 오마르Ilhan Omar는 소말리아계 무슬림으로는 처음
으로 입법부 의원이 되었다. 셰릴 샌드버그는 소셜 미디어계에서 억만
장자가 된 첫 번째 여성이다. 힐러리 클린턴Hillary Rodham Clinton은 미
국 최초의 여성 대통령 후보이다. 로레타 린치Loretta Elizabeth Lynch는
미국의 첫 번째 여성 검찰청장이다. 엘런 드제너러스Ellen DeGeneres는
게이에게 호의적인 황금 시간대 토크쇼의 첫 번째 여성 진행자이다.

남자는 울어도 되지만
싸움은 안 된다
아들에게도 페미니즘 교육을

너희가 우리에게 한 것을 우리도 똑같이 할 거라고
생각하기 때문에 너희는 페미니즘을 두려워한다.

작자 미상

스페인의 유명 가수인 미겔 보세Miguel Bosé는 언제부터 레깅스를
입기 시작했느냐는 질문에 아버지의 말을 떠올렸다. 투우사였던 아
버지 루이스 미겔 도밍긴은 그에게 "아들아, 이런 계집애 같은 옷을
입고 뭘 하는 거니?"라고 말했다. 그러자 미겔 보세는 아버지에게 이
렇게 말했다. "아빠는요? 거울 좀 보세요! 아빠 옷에는 스팽글까지
달렸는데요? 거기에 비하면 전 아주 밋밋한 거죠. 아빠는 스팽글에,
금장식에, 분홍 타이츠에, 나비넥타이까지, 그리고 등 뒤에는…… 정
말 아빠에 비하면 전 아무것도 아니에요."[54] 이 이야기는 우리가 사
회적 구성을 어떻게 내면화하고 있는지 정확히 보여 준다. 우리는 투
우사가 분홍 타이츠를 신고 스팽글에 금장식까지 한 옷을 입는 것은

164

당연하다고 생각하며 쉽게 받아들인다. 그러나 남아가 타이츠를 신으면 '계집애' 같다고 생각한다.

우리는 여아의 역량이 강화되고 공주풍에서 벗어나 발전해야 한다고 생각한다. 그렇다면 남아는? 남성은 대부분 자기 일에 책임을 진다. 하지만 우리는 그들도 평등하게 교육해야 한다는 사실을 잊고 있다. 남성들도 자신의 행동들을 다시 생각하고 변화시켜야 한다. 맡은 역할들을 다시 생각해 보고, 상대방을 더 공감하고 관대하게 대하며 민감해지는 법을 배워야 한다. 사회는 남성이 힘이 세고 강하길 바라지만, 그렇지 않다. 진짜 평등을 위해서는 남성도 자신이 깨닫지 못한 많은 능력을 되찾고 자기 안에 있는 뿌리 깊은 모습들을 제거해 나가야 한다.

내가 꿈꾸는 평등하고 이상적인 페미니즘 사회는 남성이 자신의 꿈을 이루되 여성의 발전을 방해하지 않고 여성을 동등한 존재로 바라보는 사회이다. 나는 남성이 행복하고 자기 본모습대로 살아가며 누구도 그들에게 행동과 느낌을 강요하지 않기를 바란다. 그들도 완전히 자유로워야 한다. 새로운 남성들에게는 새로운 롤모델, 즉 감정을 솔직하게 표현하고 관대하며 집안일을 하고 육아에 신경 쓰는 남성상이 필요하다. 페미니즘이 많이 발전하고 있지만, 아직도 많은 남성들은 어떻게 느끼고 행동하고 일해야 하는지 모른다. 오늘날의 남아가 성인이 되는 미래는 훨씬 더 페미니스트적인 사회가 될 것이다. 따라서 그들이 여성과 함께 변화하지 않으면 절대 여성을 이해하지 못할 것이다. 이것이 여성과 남성이 같은 방향으로 나아가야 하는 이

유이다. 결국 남성들에게는 긍정적인 영향을 주고, 여성인 우리에게는 꼭 필요한 일이다.

남성은 페미니즘이라는 단어의 뜻을 잘 이해해야 한다. 이 말은 단순히 남성우월주의의 반대말이 아니라 남성우월주의를 해결할 수 있는 유일한 길이다. 만일 당신이 페미니스트가 아니라면 남성우월주의자라는 뜻이다. 페미니즘은 평등을 뜻한다(아직도 명확하지 않아서 반복 또 반복한다). 만일 이 단어가 여성들을 가리킨다면 우리도 모르게 받은 교육 때문이다. 페미니즘은 남성들에게 영향을 주는 여성들의 운동으로, 어원적으로 '여성'에 뿌리를 두고 있다. 남성은 여성이 오랫동안 해 온 일이기 때문에 이것이 여성적 언어에 포함된다고 생각할 수 있다.

페미니즘은 억압받는 여성들의 싸움이다. 남성이 동맹군이나 지지자는 될 수 있어도 절대 이 투쟁의 기수가 될 수는 없다. 페미니즘은 우리 여성의 공간으로, 남성이 여성을 도울 수 있고 또 그래야 하며 우리에게 용기를 북돋아 주고 함께해야 하지만, 결국 여성의 목소리이다. 마치 백인이 인종 차별에 반대하는 시위를 이끌거나, 이성애자가 동성애 혐오에 반대하는 시위를 이끌지 않는 것과 같다. 백인과 이성애자가 생각을 지지하고 함께 실천할 수는 있지만 앞에서 그 당사자들을 이끌 수는 없다. 페미니즘은 여성의 대의이다. 일단 이 점이 분명해지면 아이들의 교육이 공평하고 평등한 사회를 만드는 기본임을 분명히 알게 된다.

아이들은 관심사나 취미, 사고방식이나 외모만으로 여아나 남아가 결정되는 게 아니라는 사실을 알아야 한다. 더 자유로워지기 위해서는 남성성에 대한 고정관념이 깨져야 한다. 페미니즘 덕분에 모두가 혜택을 입어야 한다. 그렇게 되면 여성은 권력의 자리에 올라갈 수 있고 여성이라는 이유만으로 살해당하는 일도 사라질 것이다. 남성은 자신의 남성성을 다시 생각하고 원하는 대로 자유로운 존재가 될 것이다(우리 중 일부 여성이 남성들을 이기는 것이지만, 결국엔 모든 여성의 승리이다).

일전에 한 친구에게 이 책을 쓰고 있다고 말하자, 친구는 남성을 페미니즘으로 교육하는 게 아주 중요하다고 덧붙였다. 친구에게는 3명의 아들이 있기 때문이다. 그러나 동시에 이런 걱정도 했다. "그런데 나는 너무 기가 센 여자가 남자들을 지배하는 것도 싫어." 나는 친구의 두려움에 대해서 생각해 보았다. 그녀는 자기 아들들이 여성에게 지배받는 것을 원하지 않았다. 그런데 남성이 여성도 권력과 통제권을 가질 수 있다고 생각하는 게 안 좋은 일일까?

남성도 여성과 똑같은 역량 강화 도구들을 가져야 한다. 동시에 사회가 그들에게 기대하는 부분에서 자유로워져야 한다. 여성이 역량을 강화해 분명한 자기 개념을 세우고, 자존감을 높이고, 정체성을 갖고, 존재하는 모든 남성 유형을 알고, 자신감을 키우며 자기주장 능력과 감성 지능을 기르는 것, 이 모든 것은 남성에게도 똑같이 적용할 수 있다. 무엇보다 중요한 건 남성이 자유롭게 감정을 표현하고 타인과 소통할 줄 알며, 사회에서 하찮게 생각하는 감정들을 다루는 법을 배우고, 집안일과 양육에 시간을 들이고, 여성에게 사회정치적 공간을 제공하는 시대가 오고 있다는 사실이다. 따라서 여성도 그 시대에 부응해야 한다. 이렇게 되면 남성은 꼭 용감하고 모험을 하며 모든 결정을 내려야 한다는 책임에서 벗어나게 될 것이다.

지금부터는 좀 더 강도를 높여 말하려고 한다. 분명히 말하지만, 페미니즘을 제대로 모르면 페미니즘에 동화되기가 어렵다. 가부장제의 탄압에 맞서 싸우는 페미니즘 운동에는 명백한 억압자가 존재한다. 바로 남성이다. 여기에서 "내 남편은 아니다." 또는 "내 아들은 아니다.", "우리 아버지는 아니다."라고 말할 필요는 없다. 남성은 분명한 억압자이다. 우리가 백인이 다른 인종을 억압한다고 생각하는 것처럼, 가부장제와 남성우월주의를 전복하려는 투쟁에서는 먼저 남성이 억압자임을 인정해야 한다. 남성들의 억압(여성을 복종시키고 특권으로부터 이익을 얻는) 강도는 물론 다 다르겠지만, 언제나 여성을 억압하는 집단은 바로 남성이다. 그리고 이 점을 빨리 인정할수록 더 빨리 페미니즘이 발전하고 남성우월주의가 근절될 것이다.

그렇다고 페미니즘이 남성우월주의를 완전히 뒤집고 싶어 한다는 뜻은 아니다. 다만, 여성이 평등을 누리려면 남성이 그간 누렸던 특권을 내려놓거나 버려야만 한다.

여성이 남성보다 급여를 16퍼센트 더 적게 받는다는 것은 남성이 16퍼센트 더 받는다는 뜻이기 때문이다.

여성이 강간, 공격, 성차별, 살인의 희생자가 되는 건 남성이 여성을 강간하고 폭력을 행사하고 살해하기 때문이다.

여성이 권력과 책임의 위치에서 과소 대표되는 건(중요한 직책에 있는 여성은 기껏해야 10퍼센트 정도이다) 높은 권력과 책임의 자리에 남성이

168

너무 많기 때문이다.

여성과 남성이 함께하는 모임에서 여성의 발언권이 적다는 건 남성이 더 많이 말하기 때문이다.

여성이 남성에게 공간을 내주고 있다면 남성이 여성의 공간을 차지하기 때문이다.

한마디로, 우리 사회가 평등해지기 위해서는 남성이 여성에게 권력의 자리를 양보하고, 돈을 적게 벌고, 공간을 적게 차지하고, 짧게 말해야 한다. 이것이 진정한 평등이지만 이를 이루기 위해서는 엄청난 저항에 부딪힐 수밖에 없다.

우리는 가부장제 아래에서 살고 있다. 따라서 여성은 남성우월주의의 희생자가 되고 남성은 남성우월주의자가 된다. 실제로 남성우월주의는 암암리에 이루어지기 때문에 사회에서 눈에 잘 띄지는 않는다. 너무 일반화되어서 여성뿐만 아니라 남성도 인식하기 힘들다.

남편이 아내를 학대하는 이유는 심한 의견 충돌, 외도, 술 때문이 아니다. 근본적으로는 이유와 상관없이 남성이 여성을 언어적으로 혹은 신체적으로 학대할 권리가 있다고 느끼는, 즉 지배와 통제를 뜻하는 가부장제 때문이다.

고정관념이 가득한 세상에서는 아이들이 온전하게 자랄 수 없다. 페미니즘으로 아이들을 교육하는 것은 아이들이 자신을 더 자유로운 존재로 느끼며 살아가도록 교육하는 방법이다.

마리나 수비라츠와 암파로 토메는 여아에게 여성 젠더 모델을 강요하는 것보다 남아에게 지배적인 남성 젠더 모델을 강요하는 사회적 압박이 더 크다고 밝혔다.[55] 예를 들어, 남아가 치마를 입으면 여아가 바지를 입는 것보다 훨씬 더 큰 비난을 받는다(여성이 바지를 입으면 사회적으로 용납되지만 남성이 치마를 입으면 그렇지 않다). 사회는 끊임없이 남아들에게 지배적이고 권위적인 남성상을 따르기를 강요하고, 이 사실은 아이들이 받는 교육에서도 그대로 드러난다.

학교에서 르네 마그리트와 프리다 칼로의 작품에 대한 프로젝트가 있었다. 아이들이 두 화가 중 한 명을 자유롭게 선택하고 그 인물처럼 옷을 입는 과제였다. 남아들은 모두 마그리트를 선택해서 자화상 앞에 사과가 놓인 그의 유명한 그림 〈사람의 아들〉처럼 변장했다. 여아들은 대부분 프리다 칼로를 선택했지만 르네 마그리트를 선택한 여아들도 있었다. 왜 여아는 남장할 수 있는데, 남아들은 여장하지 않을까? 사회적 구성물들은 여아가 남성의 특정 고정관념을 자유롭게 표현하도록 허용해도 남아가 여성처럼 꾸미면 안 좋게 보기 때문이다. 그래서 남아들은 그런 생각을 감춘다.

여아가 자동차를 가지고 노는 모습은 흔하고 사람들도 대수롭지 않게 넘긴다. 그러나 반대로 남아가 인형을 가지고 놀면 이상하게 본다. 여아가 축구를 하거나 남아가 소꿉놀이를 해도 마찬가지이다. 여성은 머리를 짧게 하고 화장을 안 해도 되지만, 남성이 머리를 기르고 화장을 하면 이상하게 본다. 사회는 남아에게 지배적인 남성성을 유지하도록 강요하고 그런 고정관념에서 벗어나지 못하게 한다. 경쟁심이 심하고 힘이 강해야 하며 더 똑똑하고 운동도 더 잘하라고 강요한다. 남성우월주의를 유지하기 위해서 억압자(남성)는 흔들리면

170

안 되고 지금의 상태를 유지해야 하는 등 변화가 거의 용납되지 않는다. 만일 고정관념이 무너지면 가부장제가 느슨해질 위험이 있기 때문이다. 오히려 여성은 그런 고정관념에서 좀 더 자유롭게 벗어날 수 있다. 여성은 더는 잃을 게 없다.

영국의 배우이자 가수인 미니 드라이버Minnie Driver는 한 인터뷰에서 자신의 키가 178센티미터라서 상대 남자 배우보다 커 보이지 않기 위해 움푹 파인 곳에 들어가 촬영을 한다고 했다. 이런 식으로 남자 배우들에게는 키높이 신발을 신으라고 요구하지 않으면서 대중적인 이미지를 보호해 준다. 그러면서 여자 배우에게는 굴욕을 안겨 주며 그것을 아무렇지 않게 생각한다. 남성의 체면만이 중요하기 때문이다.

남성우월주의 폭력은 어떻게 드러나는가

몽세라 모레노에 따르면, 노는 시간에 남아들은 종종 공격성을 나타내지만 여아는 조용하고 침착하다.[56] 왜일까? 모레노는 생물학적 유형, 사회적 유형 또는 이 두 가지 요소와 관련된 유전형의 행동 양식 때문이라고 설명한다. 어쨌든 타고나거나 조기에 나타나는 기질적 성향은 지적하지 않고 부추기고 칭찬할 때 더 강해질 수 있다. 그러나 반대로 교육을 받으면 그런 성향들은 약해질 수 있다. 아이가 특별히 분주한 것은 전혀 문제가 아니다. 공격적인데도 그 행동에 대한 교육이 이루어지지 않는 것이 문제이다. 모레노는 기질적인 특성은 나이가 든다고 약해지지 않는다고 했다. 오히려 강해지는데 사회가 억압하지 않고 부추기거나 아니면 적어도 용납했기 때문이다.

남아는 자신의 생각과 차이가 생기면 폭력으로 해결해도 된다고 생각한다. 폭력이 남아에게는 문제 해결 방법이다. 이런 아이는 성인이 되어서도 폭력적인 어른이 되며 배우자와의 관계에서도 갈등이 생기면 폭력으로 해결하려고 한다.

스페인 보건사회평등부의 젠더 폭력 분야에 임명된 법의학자 미겔 로렌테Miguel Lorente는 이렇게 말했다. "젠더 폭력에서 공격자는 모두 남성이다." 이 말은 젠더 폭력의 책임이 오로지 남성에게 있음을 의미한다. 가부장제 때문에 남성이 공격자나 살인자가 되기도 한다. 어떻게 이런 일이 가능할까? 고민이 될 것이다. 많은 생각이 들기도 할 것이다. '너무 과장이 심하네. 모든 남자가 그런 건 아닌데. 모두 살인자가 되는 것도 아니고……' 물론 이 말도 맞다. 다행히 모든 남성이 살인자가 되는 건 아니다. 하지만 사실상 모두가 자신의 우월감을 드러낸다. 어떻게 그러는지 궁금한가?

빙산의 일각

이 주제에 대한 전문가들은 모두 이렇게 입을 모은다. 남성우월주의 폭력은 여성을 정복하기 위해 만들어진 남성우월주의 시스템 중 빙산의 일각이다. 가부장제 사회는 우리가 태어나는 순간부터 남성우월주의가 자라날 번식지를 제공하기 때문이다. 사회는 성별을 각각 구분해 사회가 원하는 여성과 남성으로 만든다. 태어나는 순간부터 여아는 순종해야 하고 남아는 지배해야 한다고 재빨리 가르친다.

기본적으로 남성은 일상에서 남성우월주의를 행사하지만 이를 깨닫지 못할 때가 많다. 여성이 아침에 일어나서 대문을 나서면 경비가 "아름다운 아가씨, 잘 다녀오세요."라고 인사한다. 직장에서 회의 시간에 자기 의견을 관철하기 위해 열을 올리면 (같은 직급이지만 23퍼센트 더 높은 급여를 받는) 남자 동료가 쿡 찌르면서 "그거 하는 날이야?"라며 웃는다. 전화국 상담자는 아내의 휴대폰으로 전화해서는 남편과 통화할 수 있는지 물어본다. 식당에 가서 계산서를 요청하면 웨이터는 남자 동료에게 자연스럽게 계산서를 건넨다. 퇴근해서 집에 오는 길에 모르는 남자가 성적인 농담을 던질 때도 있다. 학교에서 아이들을 데려오고 숙제를 봐주고 씻기고 저녁을 먹이고 나면 남편이 퇴근한다. 저녁 식사를 끝내면 남편이 물어본다. "자기, 뭘 좀 도와줄까?" 이렇게 매일 살다 보면 여성은 두 가지 사실을 배우게 될 것이다. 하나는 여성에게 외모가 중요하니 매일 신경 쓰는 게 좋다는 것이고, 또 하나는 어떤 남성이든 그녀보다 특권을 가졌다는 사실이다.

다음은 남성우월주의 폭력이 나타나는 기본 양상들이다.

✻ 온라인상에 뜬 벌거벗은 여자들에 관한 농담을 보고 웃는다.

✻ 포르노물을 즐긴다.

✻ 여성의 말을 막는다.

✻ 남자 동료는 친구로 대하면서 여자 동료는 그렇게 대하지 않는다.

✻ 회의에 참석한 여성은 비서라고 짐작한다.

✽ 운전을 잘 못하는 앞 차 운전자를 무조건 여성이라고 생각한다.

✽ 여자 동료가 결혼한 지 얼마 안 되었다고 말하자 "너, 실수한 거야."라고 말한다.

✽ 신호등 앞에 서 있는 여성들이 멍청해 보인다.

✽ 배우자와 나누는 섹스가 적다고 생각하며 더 많이 요구한다.

✽ 페미니스트라고 하면서 대화에서 여성의 발언권을 계속 뺏는다.

✽ 페미니즘을 믿지 않지만, 평등은 믿는다고 말한다.

✽ 남성들도 젠더 폭력의 희생자라고 말한다.

✽ 일반적으로 여성들을 욕하고 무시하며 웃음거리로 만든다.

✽ 남성들도 역시 학대를 당한다고 말한다.

✽ 영화나 드라마, 책에 나오는 강간 장면을 자연스러운 것으로 여긴다.

　우리 주변의 이런 상황들은 성차별을 부추기고 남성우월주의 폭력의 직접적인 원인이 된다. 신체적 폭력으로 나타날 뿐만 아니라 언어 폭력, 성폭력, 무시, 명예 실추, 차별적 농담 등으로 이어진다. 이미 말한 것처럼 우리 안에 남성우월주의와 남성 중심 문화가 너무 강하게 새겨져 있고 가부장제가 너무 크게 자리 잡고 있어서 모두가 익숙해졌다. 그리고 이러한 사실조차 인식하지 못한다.

　한나 아렌트Hannah Arendt°가 악의 평범성에 대해서 말했던 것과 같은 맥락이다. 그녀는 독일 나치의 친위대 장교 아돌프 아이히만의

○　독일 태생의 유대인 사상가로, 현대의 대표적인 정치철학자이다.

재판을 참관하고 『예루살렘의 아이히만: 악의 평범성에 대한 보고서』를 썼다. 아렌트에 따르면, 특정 체제(아이히만의 경우는 나치 체제)에 영향을 받은 사람들은 그 외 삶의 영역에서는 모범 시민이지만 정작 자신에 대해서는 생각할 능력이 없고 가장 극악한 범죄를 저지를 수도 있다. 이 점을 모든 분야로 확장해서 보면 전체주의 체제가 우리에게 제시하는 바에 의문을 제기하는 능력은 아주 위법이 될 수도 있다. 가부장제, 남성우월주의, 남성중심주의가 여전히 존재하고, 정도의 차이는 있지만 사람들은 그 체제에 영향을 받으며 행동한다. 하지만 남성들은 그 사실을 인식하지 못할 수도 있고, 일부 여성들도 문제를 보지 못할 수 있다. 남성이 그 사실을 인정하지 않으면 남성우월주의는 계속되고 여성의 고통도 계속될 것이다.

남성이 학대자가 되고 여성이 피해자가 되는 과정은 여느 전체주의 과정과 같다. 복종을 요구하는 남성우월주의 행동이 발전하는 과정은 아주 미묘해서 때로 피해자조차도 눈치채지 못한다. 아주 단순한 외모 평가와 의상이나 표현 방식에 대한 질투, 친한 남자 동료나 여자 친구들을 비롯해 가족과의 관계에 대한 질투, 명예 실추에서부터 완벽히 갖춰진 체제 속에서 가하는 공격까지 다양하다. 신체적 공격이 자주 일어나는 건 아니지만 심리적 복종의 강요와 폭력은 이미 정착되었다. 만일 시선이 가부장제와 남성우월주의 속에 있다면, 범죄와 폭력이 정상으로 보일 가능성이 아주 높다.

이번에는 무심코 지나칠 수 있는 관계 속 남성우월주의 폭력을 보자.

✽ 여성에게 조용히 하라고 하며 말을 못 하게 한다.

✽ 다른 사람들 앞에서 여성에게 창피를 준다.

✽ 옆에 있는 여성의 감정에 전혀 관심이 없다.

✽ 여성의 휴대폰이나 컴퓨터를 감시하고 통제한다. 또는 사적인 내용이나 메시지를 보여 달라고 요구한다.

✽ 여성에게 입을 옷 혹은 옷 입는 방식이 왜 마음에 들지 않는지 말하며 간섭한다.

✽ 여성에게 공격적인 말을 한 후에 농담이었다고 얼버무린다.

✽ 과도하게 질투한다.

✽ 잘 안된 일을 여성의 탓으로 돌린다.

✽ 여성을 불신한다.

✽ 별것 아닌 일로 생긴 문제 때문에 여성에게 화를 낸다.

✽ 여성이 태어나면 '계집애'. '꼬맹이' 같은 별명으로 부르며 남성의 우월성을 드러낸다.

✽ 전 부인(전 여자 친구)을 욕하거나 헐뜯거나 모욕한다.

일상의 작은 일들은 수많은 불평등을 보여 준다. 아주 작은 행동, 즉 별 의미 없어 보이는 행동들은 불균형을 증가시키는 모래알들이다. 따라서 남성우월주의 폭력에 대한 조치가 매우 중요하다. 남성우월주의 폭력을 더 살펴보자.

✽ 여성의 감정을 무시한다.

✽사적 또는 공적으로 여성에게 소리치고 욕하고 무시한다.

✽여성이 다른 사람들을 만나거나 보는 걸 싫어한다. 그래서 가족이나 친구들로부터 격리시킨다.

✽보통 가족에게 영향을 미치는 중요한 결정을 할 때 여성의 의견은 중요하게 여기지 않는다.

✽여성의 지출을 간섭하거나 제한한다.

✽여성이 일하는 것을 싫어하거나 허락하지 않는다. 여성의 직업적 성공에 관심이 없다.

✽여성이나 그녀의 가족에게 상처를 주겠다고 협박한다.

✽여성이 원하지 않으면 힘으로 성관계를 하려고 한다.

✽여성에게 자주 신체적 폭력을 가한다.

남아가 남성우월주의 폭력을 행사하지 않는 법을 배우기 위해서는 태어나면서부터 받는 교육이 매우 중요하다. 유아기의 놀이와 장난감, 주변 여성에 대한 사례들, 공간, 옷, 색깔, 여자 친구들과의 관계, 주변 환경 등은 남성우월주의를 깨닫거나 페미니즘을 잘 알아 갈 수 있도록 가르치기 위한 최고의 교육이다.

폭력의 정당화

폭력의 정당화는 우리 사회의 심각한 문제이다. 이로 인해 아이들, 특히 여아와 성인 여성들이 피해를 본다. 나는 손바닥으로 얼굴을 때리는 일이 정당하고 정상적이라고 생각하는 사람을 많이 보았다. 예를 들어, 남자들끼리는 서로 치고받고 자주 싸운다.

이런 말도 자주 듣는다. "그들이 절 때렸는데, 전혀 별일 아닌 것처럼 그냥 지나갔어요. 이후 아무 일도 일어나지 않았어요." 어쩌면 아주 당연한 일일지도 모른다. 어린 시절에 경험한 폭력이 자신에게 별 영향을 미치지 않았다고 생각하는 사람이 주로 폭력을 정당화한다. 하지만 그 폭력은 실제로 많은 영향을 끼친다. 이런 정당화 때문에 남아들은 갈등이 생길 때 폭력으로 해결하고 세대에 걸쳐 이런 공격성을 이어 간다.

마리나 수비라츠와 암파로 토메는 남성의 젠더 폭력이라는 주제를 다루면서 두 가지를 염두에 두라고 한다.[57]

첫째, 남아들은 폭력적이고 공격적인 행동을 폭력적이라고 여기지 않는다. 여아들은 우정을 드러낼 때 서로 볼 키스를 하거나 포옹한다. 그러나 남아들은 사회적으로 이런 애정 표현을 잘 하지 않는다. 남아들이 우정을 표현하는 방법은 싸움을 하거나 손으로 서로를 치거나 주먹질을 하는 것이다. 수비라츠와 토메가 교실과 운동장을 관찰한 결과, 남성우월주의 공격의 희생자는 결국 남아들 자신임을 알았다. 그러나 대부분의 남아들은 그런 사실을 인식하지 못했다.

둘째, 우리는 폭력과 공격성의 사회적 역할을 평가해야 한다. 왜 남성이 경쟁심, 공격성, 폭력을 긍정적인 특징으로 인식하게 되었는지 그 이유를 알아야 한다. 다른 시대에는 이 특징들이 순전히 생존 때문에 필요했지만, 오늘날 대부분의 서구 사회에서는 어떤 방법으로든 폭력은 의미가 없다(불평등을 지속하려는 경우는 제외한다). 앞으로도 우리 사회에서 폭력성으로는 문제가 해결되지 못하고 오히려 수많은 문제만 더 발생하게 될 것이다.

표는 2016년 스페인 통계청의 자료이다. 표를 보고 폭력의 문제가 누구에게 있는지 평가해 보자.

살인율   (단위: 1,000명당 비율)

연도	2016	2015	2014	2013	2012	2011	2010
남성	1.21	1.30	1.12	1.14	1.53	1.68	1.52
여성	0.21	0.23	0.19	0.20	0.19	0.27	0.22

페미니즘으로 교육하기 위해서는 폭력이 교육 환경에 어떤 역할을 하는지 다시 생각해야 한다. 폭력을 정상이라고 여기면, 아무리 평등 교육을 해도 남아들은 여전히 공격성이 상황을 해결하는 방법이라고 생각할 것이다. 그리고 미래에 배우자나 다른 여성뿐만 아니라 남성들 사이에서 발생하는 갈등을 해결하기 위해 이 무기를 아주 효과적으로 사용할 것이다.

Advice

만일 당신의 아들이 공격성을 드러내고 싸운다면, 그런 태도가 자기 의견을 표현하거나 타인과의 갈등을 해결하는 방법이 아님을 알려 주자. 그리고 문제를 해결하는 다른 방법이나 협상하는 방법을 가르쳐 주자. 자신의 감정을 조절하는 법을 배우도록 감성 지능을 키우는 작업도 해 본다. 앞서 이야기한 '협상의 기술'을 참고하라.

세상을 바라보는 시야 넓혀 주기

가부장제 때문에 남성의 세상도 제한을 아주 많이 받는다. 남성이 여성과 같은 사회적 불평등과 공격성 또는 투명 인간화를 경험하지는 않겠지만, 사회적 몰이해와 분노를 경험하고 사회적, 감정적 기술의 부족으로 개인적인 야망을 이루지 못할 수도 있다. 그러나 페미니즘 덕분에 남성들은 감정적인 측면에서 집안일 분담까지 삶의 모든 면에 참여할 수 있게 될 것이다.

성역할에 대한 인식 전환

여아들에게 여성의 역할에 대한 고정관념에서 벗어나 수학자, 천문학자, 엔지니어, 비행기 조종사의 꿈을 갖도록 격려하는 것과 마찬가지로, 남아들에게도 교사, 간호사, 예술가, 발레리노가 될 수 있음을 알려 주고 격려해야 한다. 남아도 축구 대신 발레를 할 수 있고, 자동차 장난감 대신 소꿉놀이로 놀 수 있다. 즉 어렸을 때부터 사회의 뿌리 깊은 고정관념에서 벗어나 취미 생활, 직업, 놀이, 옷, 액세서리 및 행동 모델을 선택할 수 있음을 알아야 한다. 남아 중에는 사회의 고정관념을 따르지 않아서 스트레스를 받는 아이들도 있다. 그 아이들은 세상이 요구하는 대로 모험하고 싶은 마음도 없고, 축구를 좋아하지도 않으며, 아주 차분하고 조용하다. 이런 특징을 보이는 남아들도 다 똑같은 남아임을 알아야 한다. 그래야 남성이 받고 있는 큰 사회적 압박으로부터 그들을 자유롭게 해 줄 것이다.

아들이 어리다면 인형 놀이와 청소 놀이, 요리 놀이를 하도록 독려하자. 그리고 이런 역할을 맡는 사람도 중요하고, 모든 일이 그 자체로 중요하며 그 일을 함께하는 것 또한 중요하다고 말해 주자. 아들이 좀 더 크면 집에서 그 일들을 하게 될 것이다.

다양한 남성성

축구와 해적 놀이, 슈퍼히어로를 비롯한 고정관념에 박힌 놀이들은 남아를 남아로 만들지 못한다. 남아의 모습은 다양하다. 자신이 원하면 화장을 하고 옷을 입고 하이힐을 신을 수 있으며, 인형 놀이를 하고 손톱을 칠하고 자신의 모습대로 조용하고 차분하게 놀 수 있다. 인형은 여아들의 전유물이 아니고, 트럭 장난감도 남아들만을 위한 것이 아니다. 성별에 따라 정해진 색깔이 있는 것도 아니다. 남아도 원하면 분홍색 옷을 입을 수 있다. 다양한 모습의 남아들이 있을 수 있다.

아이가 옷을 입거나 장난감을 고를 때 다른 선택 사항을 제공해 보자. 남아도 분홍색이나 보라색 셔츠를 선택할 수 있도록 한다. 『분홍 옷을 입은 빌리』, 『올리버 버튼은 계집애래요』, 『분홍 괴물』 같은 책이나 〈빌리 엘리어트〉, 〈소년은 울지 않는다〉, 〈대니쉬 걸〉 같은 영화를 이야기해 주거나 연령에 맞게 보여 준다. 다양한 남성의 모습이 있음을 알려 주고 그렇게 사는 가까운 인물들을 만나 보며 자신이 원하는 대로 자유롭게 표현하도록 하는 것이 중요하다.

역량 있는 여성들의 이야기

우리 여성들은 주로 남성이 쓰거나 남성이 주인공인 문학을 접하며 자랐다. 그것이 우리의 독서에 방해가 된 건 아니지만 우리는 그들의 이야기가 마치 우리 이야기인 양 착각하며 살았다. 남아들에게도 그런 이야기들이 필요하다. 그러기 위해서는 주변에서 여성들의 이야기를 접하는 것이 중요하다. 젠더 고정관념을 넘어서는 모험적인 여성이 주인공인 책들과 이야기를 접해야 한다. 세상을 위해 중요한 일을 하는 여성의 이야기를 꼭 알아야 하고, 순종적이지 않고 고분고분하지 않은 여성이나 여아가 주인공인 영화들도 봐야 한다. 남아들은 역량이 강화된 여성 리더들의 사례를 통해 여성이 무슨 일이든 완벽하게 잘해 낼 수 있다는 걸 알아야 한다. 자신의 눈으로 직접 보되 일회성에 그치는 것이 아니라 지속적으로 접해야 한다.

Advice

마리 퀴리와 이사도라 덩컨 또는 말랄라 유사프자이의 이야기를 들려주자. 여아 또는 여성의 역할의 중요성을 보여 주는 영화인 〈모아나〉, 〈프리다〉, 〈에이리언〉, 〈정글 속의 고릴라〉 등을 보여 주자. 『일다와 트롤』 『이사도라 문』 『마틸다』 『캐서린』 같은 책도 읽게 한다. 예외 없이 이런 여성 캐릭터가 정상으로 인식되어야 한다. 역량 있는 여성들을 모델로 삼되 너무 순종적이고 고분고분한 여성 캐릭터가 나오는 영화는 피한다. 우리는 역사와 스포츠에서 여성의 업적이 가려지거나 남성에게 도난당한 사실을 기억해야 한다. 우리 사회에서 남성우월주의가 어떻게 이어지고 있는지 제대로 알고 있어야 한다. 이런 작품들을 일상생활을 하듯 지속적으로 접해 보자.

자율적인 삶

자녀들은 기본적으로 자신을 돌보는 법을 배워야 한다. 어머니나 아버지가 아이들에게 영원히 옷을 선택해 주고 음식을 해 주는 게 아니기 때문이다. 특히 남아들은 자기 자신을 돌볼 줄 알아야 한다. 집안일이 다른 일과 마찬가지로 중요한 일이라는 점도 알아야 한다. 왜냐하면 그 모든 일에 함께 참여하고 책임감을 느껴야 하기 때문이다.

Advice

우리는 남아가 스스로 자신을 챙기도록 격려하고 점차 그 일을 책임지게 해야 한다. 즉 남성도 스스로 간식을 챙기고 옷을 고르고 요리하고 세탁기를 돌리고 화장실을 청소하는 등의 일을 해야 한다. 물론 집 안에서 남성이 똑같이 일하는 모습을 남아가 지켜보게 해야 한다.

타인에 대한 배려심

타인에 대한 책임과 배려심을 어릴 때부터 가르치고 심어 주는 일이 중요하다. 마르셀라 라가르데에 따르면, 현대 남성은 여성과의 관계 또는 학교, 직장, 가정에서 여성의 위치를 수정할 만큼 변화하지 않았다.[58] 그들에게는 배려가 쓸모없는 일처럼 보인다. 우월감과 지배력을 따르는 체제에서는 배려가 태만을 의미하기 때문이다. 즉 다른 사람에게 시간을 허비하는 일이라고 생각한다. 자신의 관심을 내려놓고 다른 사람에게 자원과 돈을 쓰는 것을 용납하지 않는다. 특히 삶의 중심이 자신이 아니고, 타인에게 공간을 내주며 다른 사람들 앞에서 더 낮은 자세로 있기를 원치 않는다. 한마디로 패권주의적 사회조직에서는 배려를 한층 낮은 것으로 여긴다. 따라서 어릴 때부터 남아들은 배려가 필요하다는 점을 이해하고, 성숙해지면서 타인에 대한 책임을 함께 느껴야 한다.

Advice

아기와 아픈 사람을 돌보는 법이나 평범한 일상에서 작은 일이라도 노인을 돕는 법을 가르치자. 크면서 지속적으로 타인을 배려하게 하고 그것이 자기 일임을 깨닫게 해야 한다.

주위 사람에 대한 관대함

라가르데가 말한 남성들이 가진 배려심의 개념을 보면, 남아들에게 자신들이 우주의 중심이 아니라는 사실을 가르치는 일도 중요하다. 실생활에서 주위 사람들의 필요를 알도록 가르쳐야 한다. 세상이 돌아가려면 가정을 포함한 모든 조직이 움직여야 한다는 점도 알려주어야 한다. 누군가는 장을 보고 요리하고 빨래와 청소를 해야 한다는 것, 또 누군가는 아기와 노인, 아픈 사람들을 돌보고 배려해야 한다는 것, 그리고 그 일들이 모든 사람에게 다 중요하다는 것을 남아들이 알게 해야 한다.

Advice

남아들이 자신이 모든 일의 중심이 아니라는 사실을 알고 책임을 회피하지 않도록 가르치자. 가정에서도 그렇게 행동하게 하는 것이 이 교육의 기본이다.

폭력과의 작별

폭력은 문제를 해결하거나 덮는 방법이 아니다. 따라서 남아들은 협상과 갈등 해결 방법을 통해 문제를 해결하는 능력을 길러야 한다. 자신의 공격적인 행동을 가볍게 여기지 말고, 폭력을 정상인 것처럼 만들지 말라고 계속 강조해야 한다.

남아가 싸운다면, 사람들은 보통 그렇게 문제를 해결하지 않는다고 가르쳐 주자. 그리고 협상을 비롯한 다른 기술들로 문제를 해결하는 법을 알려 주자.

여자 친구들과의 교류

남아가 남아끼리만 놀면 커서도 자기들끼리 어울리게 되고, 결국 그들의 세상은 매우 제한적이고 고정관념을 반복하게 된다. 유년 시절에 자연스럽게 여아들과 어울리지 못하면 어른이 되어서도 여성을 그저 외도의 상대나 성적 파트너로만 보게 된다. 사회적 환경(학교와 가족 관계) 때문에 남아는 그런 욕구들을 다시 키운다. 따라서 좀 더 관대한 집안 분위기를 만들고, 기존 고정관념에서 벗어날 수 있는 게임을 제안하며, 주변에 자신과 다르게 생각하는 사람들이 있음을 알려 줄 필요가 있다. 남아들에게 많은 대화와 정보를 통해 그런 사실을 깨닫도록 가르치고 주의를 주는 일이 매우 중요하다.

남아들은 전 연령대의 여성과 교류하고 우정을 나누면서 여성들 역시 자신과 같은 삶을 사는 동등한 존재임을 깨달아야 한다. 여성들과 사귀되 올바르게 대하며 함께 살아가는 법을 배워야 한다.

감수성과 소통 능력

소년도 눈물을 흘린다. 울음은 다른 감정과 마찬가지로 꼭 필요한 표현이다. 남아도 기분이 안 좋으면 울고, 울 수 있으며, 울어야 한다. 이 감정 표현은 부정적인 게 아니라 인간으로서 자신을 표현하는 한 방식이며, 그렇게 하는 게 옳다. 따라서 남아들은 자신의 감정을 잘 알고 표현하는 법을 배워야 한다. 소통하는 법, 즉 자신이 느끼는 것과 원하는 것을 말하는 법 또한 배워야 한다.

Advice

초조하거나 화나거나 좌절하거나 슬프거나 지루할 때, 이 모든 감정을 정확히 파악하는 게 중요하다. 이 감정들이 일상적인 것임을 배우고 적절하게 관리할 줄 알아야 한다. 웃음과 감동, 슬픔과 두려움처럼 울음도 건강하고 온전한 삶을 이루는 요소이다.

공감과 자기주장

공감과 자기주장은 오늘날의 남아들이 미래에 올바른 사회성을 지닌 남성이 되기 위한 두 가지 중요한 특징이다. 곁에 있는 사람을 공격하지 않고 자기 생각을 말할 줄 알며 상대방이 어떻게 느끼고 있는지 이해하는 태도는 사회 정의를 실현하고 여성과 남성이 공격성 없는 관계를 맺는 데 기본이 된다.

곁에 있는 사람을 공격하지 않고 자기 생각을 분명히 말하는 법을 가르쳐야 한다. 가능한 한 생각을 적절하게 표현하도록 독려한다. 또, 다른 사람의 상황을 이해하기 위해서는 그들이 왜 그렇게 행동하고 결정을 내리는지 이해해야 한다.

자아도취에서 벗어나기

남성우월주의 폭력 분야 전문가인 법의학자 미겔 로렌테가 실시한 초기 연구에 따르면, 학대자에게 나타나는 가장 큰 성격적 특징이 자아도취이다. 자아도취는 이상화된 우월감을 반영한다. 자아도취에 빠진 남성은 남성만을 참고의 기준으로 삼고 여성의 상황을 무시하며 양측을 동등하다고 여기지 않는다. 그들은 종종 여성의 말과 행동을 무시하지만, 그런 태도는 남성으로서 자기 뜻을 확고히 하기 위한 수단적 행동일 뿐이다.

어머니와 아버지는 자기 아들이 아주 특별하다고 주장한다. 아들에게 전혀 제한을 두지 않고 다른 여아나 남아보다 더 많은 권리가 있는 것처럼 여기는데, 이렇게 하면 아들은 자신이 최고라고 생각하게 된다. 과대평가를 받는 아들은 자아도취자가 될 수 있다. 자신의 아들이 다른 아이들보다 우월하다고 여기고, 아들의 잘못은 지적해 주지 않은 채 주변 사람들에 대해서는 안 좋은 말을 하며, 사람들이 많은 곳이나 사적인 자리에서 아들을 자랑하는 태도는 그 아이의 자존감을 높여 주는 게 아니라 자아의 불균형을 초래한다. 결국 아들을 자아도취자로 만들게 된다.

남아들은 자신이 사랑받고 있다는 사실을 알아야 한다. 이것이 자존감이 강한 아이로 키우는 가장 좋은 방법이다. 하지만 그 아이들이 소중한 존재일지라도 자신의 성공과 태도가 계속 칭찬받을 수는 없음을 알아야 한다. 어떻게 하면 이것이 가능할까? 진심을 담아 아이가 사랑을 받는 존재라는 느낌을 갖게 해야 한다. 어머니와 아버지, 교사들은 남아가 사랑을 받고 있고, 어떤 일은 잘하고 어떤 일은 잘하지 못한다는 사실을 전해 주어야 한다. 정직하고 겸손하게, 그리고 아이를 존중하며 그 내용을 전해야 한다.

여성에 대한 존중

남아는 존중을 배워야 한다. 여성의 신체 및 대화 영역을 존중하고, 여아들과 그 아이들의 놀이를 존중해야 한다. 여아들의 결정도 존중해야 한다. 그러면 어른이 되어서도 여성을 존중하게 된다. 여성들의 결정과 성공 및 실수를 존중하게 되고, 여성의 성공을 인정하고 그 이야기를 듣게 된다. 많은 남성은 여성의 '노'를 제대로 이해하지 못한다. 남성은 여성의 '노'가 정말로 '노'를 뜻한다는 사실을 정확히 알아야 한다. 침묵도 '노'이다. 또한 "그건 좀……."이라는 말 역시 '노'라는 뜻이다. 오로지 '예스'만 '예스'이다.

남아의 사진을 벽에 붙이자. 그리고 자신의 신체 및 감정을 묘사하도록 시켜 보자. 또한 좋아하는 것이나 커서 되고 싶은 것, 꼭 직업뿐만 아니라 원하는 삶의 방식을 말하도록 독려한다. 여기에서는 남아가 세상을 바라보는 방식과 여아나 성인 여성에 대해 지닌 관점이 페미니스트적인지, 남성우월주의적인지 분석하는 게 가장 중요하다.

페미니즘에 선 긋는 신남성우월주의

우리 주변에는 스스로 페미니스트 또는 평등의 수호자라고 생각하면서도 남성우월주의 행동을 계속하는 남성들이 흔하다.

바르비하푸타가 말한 것처럼, 신新남성우월주의자는 평등을 수호하지만 그들이 이해하는 평등은 여성이 이해하는 평등과 다르다.[59] 여성이 이해하는 평등이 남성우월주의와 싸우는 것이라면, 그들이 이해하는 평등은 자신에게 해가 안 되는 범위 내에서 여성이 말하는 페미니즘을 받아들이는 것이다. 평등은 맞지만 근본적으로 여성을 중요하게 여기지 않으면 결국 평등에 별로 관심을 갖지 않게 된다. 신남성우월주의자는 남성이 피해를 보지 않는 범위 내에서 평등을 수호하려고 한다. 이런 운동이 어떻게 이루어지는지 알 필요가 있다. 우리는 남아들이 신남성우월주의자가 되길 바라지 않는다.

신남성우월주의자는 페미니스트처럼 보인다. 그들은 오늘날 여성들에게 집 안 청소나 하라고 말하는 것을 안 좋게 보고 정책적으로도 옳지 않다고 여기기 때문이다. 그래서 그들은 다른 태도를 취한다. 더 자세한 내용은 표를 참고하자.

신남성우월주의자의 태도

신남성우월주의자의 태도	이에 대한 설명
양성평등을 원하면서도 이미 평등을 이루었다고 말한다. '남성우월주의도 페미니즘도 아닌 평등'이라는 말은 이들에게 마법의 주문이 될 것이다.	페미니즘은 평등을 추구하지만 남성우월주의의 반대말은 아니라는 점을 명심해야 한다. 남녀에게 주어지는 기회는 평등하지 않다. 따라서 페미니스트가 아니라면 남성우월주의자이다.
남성우월주의 폭력과 관련해서 배우자에게 학대당하는 남성도 있다고 말할 것이다.	물론 그런 남성들도 있다. 스페인에서 매년 300명의 남성이 살해당하는데, 살인자 중 99퍼센트는 다른 남성이고, 나머지는 학대를 당하다가 정당방위로 살인을 저지른 배우자이다.
젠더 폭력에 대한 법률은 여성이 별거와 이혼 또는 복수 기간에 하는 거짓 신고에 일조한다고 생각한다.	2016년 검찰의 협조로 이루어진 여성 폭력 방지 검사실의 조사 과정에서 남성우월주의 폭력 사건에 대한 여성의 거짓 혐의가 전체의 0.0015퍼센트라는 결론이 내려졌다.
페미니즘을 위해 투쟁하는 여성을 조롱하고, 여성 쿼터제나 여성에게 호의적인 조치를 이해하지 못한다.	여성 쿼터제와 같이 소수 집단을 지지하는 정책은 여성이 겪은 차별을 바로잡을 수 있는 유일한 도구이다. 이런 것은 절대 자발적으로 이루어지지 않기 때문이다. 여성 외에도 신체 및 지적 능력이 다른 사람들의 채용을 위한 공제나 쿼터제 또한 존재하는데, 이에 대해서는 모든 사람이 이해하고 있다.

남성이 평생 듣는 49가지 말

아들에게 〈(모두에게 해로운) 남성이 평생 듣는 49가지 말〉°이라는 동영상을 보여 주자. 정말 그런 말들을 들은 적이 있는지, 아니면 그 말들을 듣고 따라야 한다고 생각하는지 토론해 본다. 남자로 마땅히 따라야 한다고 생각되는 행동을 평가하면서 정해진 방식으로 행동하는 게 편하지 않다거나 다른 방법으로 표현하길 원하는지 이야기해 본다. 또한 남성우월주의 속에 있는 다양한 관점들에 대해서도 대화를 나누어 본다. 왜냐하면 사회에서는 여성에 대한 남성의 우월성을 표현하는 다양한 모습들이 나타나는 반면, 패권주의를 던져 버리는 남성은 이해하지 못하는 경향이 있기 때문이다.

o   https://www.youtube.com/watch?v=eKWSXBJlpyo

소녀는 왜
페미니스트가 되는 걸까?

낭만적인 사랑이나 파트너의 사랑이

누군가의 삶에서 목표가 되어서는 안 된다.

사랑은 단지 선택이기 때문이다.

그런데도 사회는 보통 파트너 없는 사람들을 괴롭히거나

파트너가 있어야 한다고 재촉한다. 왜 꼭 그래야만 할까?

물론 너의 몸은 소중해!
하지만 사람들이 말한 대로는 아니야
낭만적 사랑과 섹슈얼리티에 대한 오해

여성은 사랑하지만, 남성은 지배한다.

케이트 밀레트

장교복을 입은 잭 메이어(리처드 기어 분)는 제지 공장에서 일하는 폴라(데브라 윙거 분)를 번쩍 안아 데리고 나온다. 친구가 감동에 젖어 "너는 충분히 그럴 자격이 있어."라고 말한다. 배경 음악으로는 조 카커Joe Cocker의 〈저 높은 곳으로Up where we belong〉가 흘러나온다. 그 후렴 가사는 이렇다.

사랑은 우리를 있어야 할 곳으로 데려가죠.

높은 산 위 독수리가 소리치는 곳으로.

사랑은 우리를 있어야 할 곳으로 데려가죠.

우리가 아는 세상에서 멀리 떨어진, 시원한 바람이 부는 그곳으로.

이것은 최고의 로맨스 영화 중 하나로 꼽히는 〈사관과 신사〉의 마지막 장면이다.

잊지 못할 마지막 장면이 또 하나 있다. 〈귀여운 여인〉에서 에드워드(리처드 기어 분)가 콜걸 비비안(줄리아 로버츠 분)을 찾아오는 장면이다. 그 장면에서는 록시트Roxette의 〈그건 사랑이었어요It must have been love〉가 흘러나온다.

우리는 수많은 영화를 보면서 '백마 탄 왕자님'이 여성을 구해 준다는 생각을 의식적 또는 무의식적으로 마음속에 새기게 된다. 우리 주위에는 『신데렐라』나 『인어공주』를 비롯한 로맨틱한 사랑 이야기들이 많다. 몇 가지 이야기들을 보자. 영화 〈티파니에서 아침을〉을 보면 구원자 역할을 맡은 남성 캐릭터인 폴이 등장한다. 홀리 역할을 맡은 오드리 헵번은 상류층 삶을 꿈꾸며 수많은 남성과 관계를 맺는다. 〈브리짓 존스의 일기〉에서는 브리짓의 삶에 있어서 유일한 해결책은 바로 사랑이다. 〈섹스 앤 더 시티〉에서도 여섯 시즌 내내 섹스 장면이 많이 나오지만, 결국 캐리를 포함한 네 명의 주인공에게 가장 중요한 것은 사랑이다.

로맨스 영화라고 해서 꼭 사랑이 모든 해결책이라는 점을 보여 줄 필요는 없다. 〈보이후드〉에서 주인공의 어머니(패트리샤 아퀘트 분)는 모든 일에 최선을 다하는 인물이다. 대학에서 공부하고 직업을 구하고 자녀를 키우는 등 모든 일에 최선을 다한다. 그러나 전남편(에단 호크 분)이 아들과 나누는 대화는 황당 그 자체이다. 오랫동안 아버지 역할도 제대로 못 하고 최근까지 백수로 살았던 그는 말과 행동에 책임을 진 지 얼마 안 된 상황이다. 하지만 자기 처지는 생각도 않고, 아내가 더 많이 참았다면 가족이 벌써 합치고도 남았을 거라며 큰소리를 친다. 한술 더 떠 아들도 만일 엄마가 그랬다면 알코올 중독자 의붓아버지에게서 엄마를 구할 수 있었을 거라고 말한다. 결국 둘 다 지금의 안 좋은 상황이 여성(아내, 어머니)이 책임을 충분히 다하지 않았기 때문이라며 비난한다. 이런 상황 대신, 에단 호크가 자신이 미성숙하고 힘들었던 젊은 시절에 더 노력해야 했다고 생각할 수는 없었을까? 물론 힘들 것이다. 우리의 집단적 상상력 속에는 언제나 여성이 참고 고통을 견뎌야 하며 장애물을 극복해 나가야 한다는 생각이 고정되어 있기 때문이다. 극 중 패트리샤 아퀘트가 인내심이 많은 편은 아니지만, 그렇다고 그녀를 비난할 수 있을까?

우리가 보는 대부분의 영화나 드라마에서는 커플이 사랑을 맺으면 이야기가 끝난다. 수많은 영화의 주제이자 가장 중요한 요소가 바로 '사랑'이기 때문이다. 그리고 대부분은 낭만적인 거짓 사랑이 이야기의 주를 이룬다. 이 사회와 대중문화는 커플의 사랑이 인간 존재의 궁극적인 목적이라고 믿게 만든다. 모든 사람이 사랑을 이루어야 한다고 한다. 이쯤에서 이런 생각이 들 수도 있을 것이다. '어쨌든 사랑이 가장 중요한 것 아닌가? 사랑을 찾으려는 게 나쁜 건가? 그것을 통해 자아실현을 하면 안 되는 건가?'

사람들은 흔히 사랑이 가장 중요하고 높은 가치라고 말하지만 사랑의 개념에는 부정적인 면도 많다. 우선, 파트너(배우자)를 갖는 것은 개인의 선택이지 의무가 아니다. 낭만적인 이상향은 수많은 청소년에게 안 좋은 영향을 끼친다. 예를 들어 성폭행의 원인이 되고, '거짓 동의'를 정상으로 여기며, 파트너를 학대하고 통제하는 태도를 낭만적인 사랑의 일부로 여기게 되기 때문이다. 낭만적인 사랑의 폐해는 수도 없이 많다. 낭만적인 사랑이나 파트너의 사랑이 누군가의 삶에서 목표가 되어서는 안 된다. 사랑은 단지 선택이기 때문이다. 그런데도 사회는 보통 파트너 없는 사람들을 괴롭히거나 파트너가 있어야 한다고 재촉한다. 왜 꼭 그래야만 할까?

낭만적 사랑에 대한 오해

낭만적 사랑은 모든 것을 가능하게 하고 정당화한다. 또한 남성우월주의 폭력인 학대를 포함한 질투와 조종을 일반화하는 데 자주 사용된다.

'위험에 처한 어린이 및 청소년 돕기ANAR 재단'은 21년간 300만 명의 소녀와 청소년을 돕고 있다. 그중 많은 여아들이 스페인 전역에서 일어나는 남성우월주의 폭력의 희생자이다. 2015년 통계 보고서에서 가장 우려스러운 내용 중 하나는 453건의 신고 건수 중 60퍼센트가 이런 유형의 폭력에 의한 희생자라는 사실을 인식조차 못하고 있다는 사실이다. 지난 몇 년간 해당 폭력의 수치가 꽤 증가했다. 파트너의 특정 행동과 폭력이 갈수록 일상화되고 있다는 증거이다. 낭만적 사랑에 대한 오해 때문에 일부 소녀들은 '사랑이라는 이유로' 불평등하고 중독적인 사랑의 관계를 참는다. 예를 들어, 질투가 사랑

사랑에 대한 근거 없는 믿음

근거 없는 믿음	낭만적 사랑	건강한 사랑
불가능한 사랑	대중문화에서는 연인 관계를 진전시키기 위해 모든 역경과 맞서 싸우는 이야기를 들려준다. 다른 어떤 사랑보다 이런 식의 사랑을 더 강력한 사랑으로 이상화한다. "양극단은 서로 끌린다."와 같은 거짓말이 이런 생각에 영향을 준다.	사랑은 다양한 사람들 사이에서 여러 방법으로 나타나지만, 꼭 그 동기가 가장 순수하고 열정적일 필요는 없다. 또한 서로 비슷한 커플은 공통점이 적은 커플에 비해 잘 지낼 가능성이 더 높다는 사실이 입증되었다.
사랑과 사랑받은 사람의 이상화	사랑에 빠지면 부부가 되길 원한다. 그것이 유일한 자아실현 방법이고, 부부의 사랑이 서로에게 필요한 모든 것을 주고 서로를 보완한다고 생각하기 때문이다.	사랑이 누군가와 삶을 나눌 수 있기 때문에 좋아 보일 수는 있지만, 그것이 삶의 목표가 되어서는 안 된다. 상대방이 자신의 삶을 채워 주고 더 수월하게 살게 해 줄 거라는 생각은 해롭다. 사람은 스스로도 온전하며, 꼭 다른 사람이 필요한 건 아님을 알아야 한다.
사랑은 고통이 따르는 격정이다.	"너를 사랑하는 사람이 너를 울게 할 것이다." 또는 "가시 없는 장미는 없다."와 같은 말은 사랑에는 고통이 따름을 가정한다. 이런 잘못된 믿음 때문에 많은 커플이 지속적인 갈등과 다툼을 정상으로 여긴다.	건강하게 사랑하는 사람들은 계속 서로에게 고통을 주거나 다투지 않는다. 어느 정도 의견의 불일치는 있을 수 있지만, 그럴 때는 언제 관계에 문제가 생기는지를 파악하고 어떻게든 해결하는 방법을 배워야 한다.
사랑은 숙명적이다.	'이상적 부부'와 '인생의 사랑' 또는 '나의 반쪽'이라는 개념은 진실한 진짜 사랑은 단 한 명이라는 생각을 바탕으로 한다. 따라서 그런 상대를 만나면 꼭 지켜야 한다고 생각한다.	평생 살다 보면 다양한 사람을 만날 수 있다. 서로 공통점이 있을 수도 있고 없을 수도 있다. 누군가를 위해 정해진 짝이 있는 건 아니다. 그저 서로 더 잘 이해하고 더 긴 시간 동안 긍정적으로 삶을 함께할 수 있는 사람들이 있을 뿐이다.
사랑은 전지전능해서 모든 걸 가능하게 한다.	많은 영화와 문학 속에서 사랑은 너무 강력해서 인생의 위험을 극복할 수 있다고 믿게 한다. 즉 '진짜 사랑이라면, 10년간 여기저기를 다니고 지구 반대편까지 가도 영원히 계속될 것이다.', '사랑은 당신 삶을 하나하나 간섭하는 폭군 가족도 견딜 수 있게 할 것이다.', '둘 중 하나가 안정된 관계를 깨더라도 사랑으로 극복할 수 있다.'라고 믿게 한다.	사랑은 전지전능한 것이 아니다. 사랑은 매우 복잡하고 변하기 쉬운 감정으로 외부 원인으로도 중요한 변화가 생길 수 있다. 그리고 사랑이란 줄어들고 사라지는 게 정상이다.

사랑은 평생 계속된다.	흔히 사랑 이야기는 "오래오래 행복하게 살았습니다."로 끝난다. 물론 서로 완벽히 이해하고 사랑하며 둘이 조화를 이루는 상태로 평생 함께하는 부부도 있을 수 있다. 그러나 모두가 그럴 수는 없고, 그럴 필요도 없다.	사랑을 변하지 않는 영원한 감정이라고 여기는 것은 사람들에게 해롭다. 실패에 대한 두려움이나 사회적 거부, '평생'의 관계를 깨뜨린다는 수치심 또는 아무도 스스로 자신을 세우는 방법을 가르쳐 주지 않아서 독립적으로 사는 법을 배우지 못했다는 이유 등으로 억지로 관계를 유지하기 때문이다.
소유욕과 질투	진짜 사랑이라면 당연히 질투가 생길 수밖에 없다고 여긴다. 상대에게 자신의 사랑을 보여 주는 방법이기 때문이다. 또한 커플 관계는 서로를 채워 줘야 하고 감시할 권리가 있다고 생각한다.	사람이 소유물이 아님을 알고 커플 관계에서 각자가 독립적인 자유로운 존재임을 인정한다면, 질투는 사랑의 방정식에서 완전히 사라지게 될 것이다.
독점과 정절	내가 한 사람만 사랑할 수 있다거나 누군가가 나만 사랑할 수 있다고 생각한다. 또 정절을 무너지지 않는 장벽처럼 여기며 이 때문에 사랑이 유지된다고 생각한다. 정절이 깨지면 부부 관계도 깨지고, 이것은 상대방을 통제하는 구실이 된다.	사랑은 다양하고, 어머니와 아버지가 자녀를 동등하게 사랑하는 것처럼, 사람들이 동시에 또는 다양하게 다른 사람들을 사랑하거나 원할 수 있다. 커플의 사랑이 다른 형태의 사랑보다 더 많은 영역을 차지해서는 안 된다. 한편 커플마다 윤리의 법칙과 제한선이 다르고 관계 방식도 다르다. 여기에는 부정(不貞)도 포함된다. 상대방의 바람기는 커플의 서약과 사랑을 재는 온도계가 아니며 커플마다 자신들만의 기준을 마련해야 한다.
결혼, 그리고 평생	사랑의 결론은 오로지 안정적인 커플을 이루는 것이다. 안정적인 커플의 형식은 결혼 또는 동거이다.	사랑의 관계가 항상 안정된 관계로 끝나는 건 아니다. 관계는 특정한 시간과 공간 속에서 아주 다양할 수 있다. 커플 관계의 끝이 꼭 결혼이나 동거가 될 필요는 없다. 관계에 따라 다를 것이다.
사랑이 일으키는 변화	사랑이 사람을 변화시킬 수 있고, 상대의 결점은 시간이 지나면 고쳐질 수 있다고 생각한다.	보통 사람은 변하지 않거나, 변해도 아주 조금만 변한다. 따라서 서로 상대의 장단점을 있는 그대로 받아들여야 한다.
통제	커플이라면 상대방을 통제할 권리가 있다.	통제는 절대 안 된다. 커플이라면 서로 무엇을 하고 있고 그만두었는지는 알 수 있지만, 절대 한쪽이 상대를 통제해서는 안 된다.
헌신	부부는 서로 헌신하고 가능한 한 모든 시간을 함께 나누고 서로를 위해 살아야 한다.	무조건 그래야 하는 건 아니다. 커플인 사람들은 서로에게 너무 매여서는 안 되고, 여느 다른 관계와 같아야 한다. 커플 관계 밖에서도 충만한 삶을 살고 자유를 느껴야 한다.

의 표현이기 때문에 자신의 일정이나 이동에 대해서 파트너에게 하나씩 다 확인받고 간섭받는 게 당연하다고 생각한다. 또 파트너와의 관계에서 여성은 무슨 일이 벌어져도 참아야 한다고 생각한다. 서로가 친밀한 관계에서 찍을 수 있는 사진을 강요당하고, 이후에 헤어지게 되면 그 사진이 인터넷에 퍼지기도 한다.

아나 데 미겔의 설명에 따르면, 수세기 동안 사랑을 얻은 여성에게 생긴 심각한 문제는 사회가 자아실현의 방법으로 사랑 외 다른 선택권을 주지 않았다는 사실이다.[60] 타인과 삶을 나누는 것은 완벽한 선택 중 하나이고 아주 중요한 일이다. 그러나 두 사람이 동등하다는 조건에서만 그렇다. 얼마 전까지만 해도 대부분의 부부 관계는 불공평했다. 남성이 힘과 돈과 의사 결정권을 가지고 있고, 여성은 주로 집에서 집안일을 하며 자녀들을 돌봐야 했기 때문이다. 여성의 사회생활이 늘어나도 부부의 불평등은 계속된다. 여성은 직업 세계에 들어갔지만 남성은 집 안 세계에 들어가지 않았다. 이 사실은 여성에게 고의로 해를 끼치는 부부 관계가 계속되고, 결국 여성에 대한 조종과 학대, 폭력, 지배가 계속되고 있음을 뜻한다. 더 최악인 점은 상황이 점점 악화되고 있다는 사실이다. 오늘날 청소년들은 조종과 학대 체제를 유지하고 발전시키고 있다. 이 점은 수많은 여성이 낭만적 사랑의 개념 때문에 문제의 심각성을 인지하지 못하고 있다는 뜻이다.

스페인 남부 안달루시아 지방 청소년의 68퍼센트는 자신의 반쪽을 채워 줄 누군가를 찾고 있다고 한다.[61] 도대체 어디에서 이런 생각이 시작된 걸까? 이 청소년들을 둘러싼 사회와 대중음악, 영화, 문학 및 집단적 상상력이 그렇게 믿게 만들고 있다. 시인들이 쓴 수많은 사랑의 시 역시 사랑이 인생의 목표라는 생각에 일조한다. 그 내용들을 보면 사랑 없이는 우리가 아무것도 아니라는 생각이 든다. 영화에서도 사랑이 모든 것을 할 수 있다는 이야기로 가득하다.

이렇다 보니 여성과 남성이 사춘기 또는 성인기가 되면 낭만적 사랑의 신화를 믿게 된다. 딱 맞는 상대를 찾으면 평생 함께할 수 있다고 믿는다. 그 상대와 평생 함께해야 한다고 생각하기 때문에 참지 못할 일도 견뎌야 한다고 믿는다. '천생연분'을 만났다면 그 사람은 이미 우주에서 예정된 관계이기 때문에 그 사람이 욕하고 무시하고 업신여기거나 때려도 그 관계를 멈추어선 안 된다고 생각한다. 낭만적 사랑 앞에서 그런 일들은 그저 '아주 작은 실수'일 뿐이라고 생각하기 때문이다.

또한 자기도 모르게 잘못된 신념이 깊게 자리 잡을 수도 있다. 남성은 여성이 자신의 소유물이고 무엇을 하든 조종할 수 있으며 여성이 그 불의를 참아 내야 한다고 생각하게 된다. 남성은 여성이 자신에게 온전히 의존한다고 느낄 때 학대하기 시작한다. 그리고 여성은 남성에게 완전히 의존한다고 느낄 때 남성의 말에 동의하게 된다. 그러므로 역량이 강화된 독립적이고 자족할 줄 아는 여성과 페미니즘을 지지하는 자신감 있는 남성이 반드시 필요하다.

배우 로사 산치스Rosa Sanchís는 여아가 어릴 때부터 의존적인 사람이 되도록 교육받는다고 주장한다. "조심해.", "올라가지 마.", "옷 입어." 식의 과보호는 여아가 어른이 되어도 습관처럼 남성의 보호를 받아야 한다고 생각하게 만든다. 이런 고정관념은 남아가 여아의 묶은 머리를 잡아당기거나 치마를 들추는 장난을 치고서 "넌 좋아해서 그랬어."라고 말할 때부터 시작된다. 순간 공격을 당하거나 존중받지 못해도 그것이 사랑의 표현이 될 수 있다고 여기게 되는 것이다. 그러나 그런 남아는 여아를 좋아하지 않아도 그렇게 괴롭힌다. 이런 상황에서 여아에게는 그 행동을 허용하거나 용서하지 말라고 가르치고, 남아에게는 어떤 형태로든 그런 행동을 하지 말라고 단호하게 가르쳐야 한다.

서로 다른 방식의 페미니즘을 따라도 사랑에는 전혀 문제가 없다. 사랑은 두 사람의 합의로 이루어지는 관계로, 존경과 존중이 있고 욕구와 매력이 있을 때 멋질 수 있기 때문이다. 또한 서로를 배려하는 친구가 되어 비슷한 관심사를 갖고 즐겁게 지내며, 긍정적인 삶을 나누고 각자 개인의 공간을 유지할 때 훌륭한 사랑이 될 수 있다. 커플 관계는 우정이나 가족 관계 같은 다른 관계와 크게 다를 필요가 없다.

분명 성적 끌림과 언약(경우에 따라), 다른 관계와 구별되는 욕구가 있어도 예상보다 훨씬 더 유연한 일상생활을 할 수도 있다. 커플(부부)이라고 모든 일을 함께하거나 함께 외출할 필요는 없고, 좋아하는 일을 그만둘 필요도 없으며, 모든 것을 함께 나눠야 하는 것도 아니다. 각자 독립적이어야 하고 자기만의 취미를 가지는 것이 좋다. 커플의 사랑이 자아실현의 마지막 목표가 되어서도 안 된다. 모든 노력을 쏟으면서 서로를 이해하는 게 아니라 오히려 서로를 괴롭히는 관계가 될 수도 있기 때문이다. 둘이 서로를 이해하지 못하거나 다른 목표를 가지고 있거나 질투와 조종, 소유욕, 다툼, 불만족, 고통이 있을 때는 지옥이 될 수도 있다. 따라서 우리는 사랑에 두 얼굴이 있을 수 있음을 이해해야 한다. 더 이상 커플 관계를 이상화해서는 안 된다.

십 대들은 어디에서 사랑을 배울까?

우리뿐만 아니라 자녀들도 주변 사례와 사회, 대중문화 속에서 자신의 행동 모델을 찾는다. 영화나 드라마, 텔레비전, 문학, 예술, 인터넷, 음악, 친구 등 주변의 모든 것과 영향을 주고받는다. 그렇다면 자녀들은 무엇을 참고하는지 알고 있는가?

아이들은 왕자의 사랑으로 구출되고 구원받는 공주들을 비롯한 모든 사랑 이야기를 듣고 자란다. 내 딸들이 각각 세 살, 여섯 살 때 있었던 일이다. 딸들은 자동차 여행을 하면서 자신들이 본 영화와 관련된 퀴즈 놀이를 하고 있었다. 큰딸이 동생에게 낸 힌트 중 하나는 "모든 영화에 나오는 것"이었다. 이 말을 듣고 잠시 생각을 하던 둘째 아이는 "사랑의 키스"라고 대답했고, 나는 그 말에 몹시 당황했다. 정답은 '구름'이었지만, 아이의 말도 맞았다. 영화 속에는 구름보다 사랑의 키스가 더 많이 나오기 때문이다.

그렇다면 청소년들에게는 과연 무슨 일이 일어날까? 영화 〈트와일라잇〉 시리즈의 줄거리를 살짝 보면, 한 소녀가 뱀파이어와 사랑에 빠지고 그와 영원히 살기 위해 뱀파이어가 되어서 자기 삶과 자유를 포기한 채 그를 위해 희생하리라 결심한다. 〈그레이의 50가지 그림자〉를 보면, 유순하고 순수한 여대생이 연륜 있고 경험이 풍부하고 강하고 지배적인 남자를 만나 강력한 섹스를 경험하게 된다. 또 〈하늘 위 3미터〉라는 영화의 주인공은 사랑스러운 청소년기 소녀로 지배적이고 공격적인 소년을 알게 되는데 수많은 폭력적인 일을 경험하고도 소년과 사랑에 빠진다. 다른 영화들에서도 낭만적인 사랑에 대한 근거 없는 믿음이 줄줄이 나온다.

어릴 때부터 들었던 노래들도 한번 살펴보자. 〈그녀를 죽였네 내 거니까La maté porque era mía〉 또는 〈그래, 그래Sí, sí〉와 같은 일반적인 노래들을 골라서 가사를 자세히 분석해 보면 어딘가에는 꼭 낭만적 사랑에 대한 근거 없는 믿음이 들어 있다. 엄청나게 히트한 알바로 솔레르 이 모랏Álvaro Soler y Morat의 〈나랑 너랑, 너랑 나랑 함께Yo contigo, tú conmigo〉라는 노래에서 그나마 공격성이 덜한 부분을 찾아 본다면 다음과 같다.

그들이 내 목소리를 빼앗아도
나는 하늘을 향해 소리칠 거야.
우리 둘이 함께 있을 때 나는 가장 강하다고.
온 세상이 굴복할 거라고.

이렇게 한 사람이 다른 사람을 채워 준다는 거짓말이 후렴구에 나와 있다.

시와 소설도 마찬가지이다. 파블로 네루다의 『스무 편의 사랑의 시와 한 편의 절망의 노래』는 청소년기에 많은 영감을 주는 글이다

(고전 시들을 읽어 보면 작가를 불문하고 그 안에 낭만적 사랑에 대한 신화가 있음을 알게 될 것이다). 네루다는 『파블로 네루다 자서전』°에서 1929년 여름에 지속된 강간을 고백했다. 가르시아 마르케스의 『내 슬픈 창녀들의 추억Memoria de mis putas tristes』은 다음의 문장으로 시작한다. "아흔 살이 되는 날, 나는 풋풋한 처녀와 함께하는 뜨거운 사랑의 밤을 나 자신에게 선사하고 싶었다."∞

오늘날 십 대들이 이런 고전문학을 읽지 않고 대중음악을 듣지 않으니 괜찮다고? 대신 그들은 말루마Maluma∞∞의 음악을 듣는다. 말루마의 인스타그램 팔로워는 2,700만 명이고, 트위터 팔로워는 400만 명이 넘는다. 즉 그는 전 세계의 십 대 청소년들에게 큰 영향을 끼치는 연예인이다. 그의 노래 가사를 한번 보자.

나는 4명의 아기들과 사랑에 빠졌어.

늘 내가 원하는 사랑을 주지.

내가 말하면 바로 할 수 있어.

아무도 날 그냥 두지 않아.

(…)

누구를 곁에 둘지 모르겠어.

모두가 잘 빠는걸.

°   국내에는 이 제목으로 번역되었고, 원제는 '살았음을 고백하노라(Confieso que he vivido)'이다.
∞   해당 번역은 민음사 번역본을 인용했다.
∞∞   콜롬비아 출신의 래퍼.

모두가 나한테 잘하는걸.

모두가 돈더미 위에서 나랑 하고 싶어 해.

그렇다고 공황 상태에 빠질 필요는 없다. 실제로 이런 음악을 듣는 사람들은 유튜버들이다. 일부는 길에서 키스한 동영상을 인터넷에 올리고 성폭력의 수많은 위험에 노출되어 있다. 또 다른 이들은 마약에 손대는 법을 가르치고 "어떤 남자가 페미니즘을 지지한다고 하면 바로 무시하자. 마치 자기 성기를 자르려고 칼을 든 것과 같다."와 같은 과격한 트윗을 올린다. 또 어떤 이들은 강간당한 사람 중에는 여성보다 남성이 더 많다고 공공연하게 말한다. 또 어떤 이들은 여자 친구들을 '창녀' 또는 '여우'라고 부르며, 공개적으로 페미니즘을 거부하고 남성우월주의자끼리만 어울린다. 그렇다면 소녀들 중에는 이런 유튜버가 없을까? 물론 있다. 그러나 이런 영상물을 만드는 사람 중 여성은 겨우 10퍼센트 정도이다. 물론 다른 주제에 관심을 갖는 여성도 많은데 이들은 주로 미용이나 화장품에 대해서 이야기한다.

우리 사회를 반영하는 텔레비전을 살펴보면, 자녀들이 많이 보는 황금 시간대 프로그램에서 여성을 사물화하고 남성우월주의를 표현하는 대사와 사랑, 섹스, 성차별에 관한 농담이 넘쳐난다. 여성과 남성의 만남을 보여 주는 한 프로그램에서는 남성우월주의적인 태도와 말, 억양 등이 나오게 되면 '본보기'로 두 명에게 감자를 깎는 벌을 준다.

자녀에게 이성 친구가 있다면 이런 질문을 해 보자.

"너에게 커플의 사랑은 무슨 의미이니?"

"커플 관계에서 낭만적 사랑이 중요하다고 생각하니? 너에게 낭만적 사랑이란 무엇이니?"

"상대방이 너에게 뭔가를 바꾸라고 요구하면 바꿀 거니?"

자녀들이 낭만적 사랑의 신화에 빠졌는지, 아니면 반대로 건강한 커플 관계를 해 나갈 능력이 있는지 확인해 보자.

소녀와 소년이 바라보는 섹슈얼리티는 다르다

섹스와 섹슈얼리티 또한 사회적 구성물이다. 서양에서 섹스의 개념은 세계의 다른 지역에서 생각하는 개념과 매우 다르다.[62] 즉 성적인 표현이 사회와 문화 속에 스며들어 있어서 생물학적인 개념으로만 축소해서 볼 수는 없다.

살라망카 대학과 칸타브리아 대학은 사모라, 아빌라, 바다호스 지역에 사는 13~20세의 십 대 764명을 대상으로 성관계 경험이 있는 여남 청소년들을 연구했다. 연구 결과를 보면, 여남 십 대들의 애정 욕구가 갈수록 비슷해지고 있지만 대부분 소녀들은 성관계를 통해 애정을 찾고 소년들은 성관계를 하기 위해 이성 교제를 한다.

누리아 베레라에 따르면, 페미니즘 제3의 물결°에서 페미니즘 덕분에 해방된 여성들은 자신의 육체를 쉽게 여기지 않는다.[63] 사실상 성적 자유라는 주제는 논쟁의 중심에 있다. 섹스를 통해 어머니가 되는 일은 붕괴되었고, 성적 자유와 부부 관계 내 여성의 자유가 투쟁의 주요 원인 중 하나가 되었다. 여성 해방 운동 덕분에 여성의 섹슈얼리티에 대한 금기가 깨졌고, 처음으로 여성의 성적 즐거움이 주목을 받았다. 그리고 이것은 피임 방법과 성교육으로 이어졌다.

역사적으로 섹슈얼리티는 여성들과는 거리가 멀었다. 이성 관계의 성적 게임에서는 여성이 자신을 내주면 남성의 오르가슴으로 그 게임은 마무리가 된다. 만일 그사이에 여성이 오르가슴에 도달하면 그나마 다행이지만 만일 그렇지 못하면 참여로만 만족해야 한다. 이것은 21세기의 이야기이다. 60년 전만 해도 여성의 쾌락은 안중에도 없었기 때문이다. 남성들이 섹스가 필요하다는 말은 얼마나 많이 듣는가? 그렇다면 여성이 그런 말을 하는 건 몇 번이나 들어 봤는가? 여성은 섹스가 필요 없는 걸까? 필요하지 않거나 그 문제에 관해서 주장할 수 없도록 교육받은 건 아닐까? 그렇다면 사랑은? 로사 산치스가 말한 것처럼, 누가 소년들을 감정적 문맹자로, 소녀들을 성적 문맹자로 교육하는 것일까?[64] 이제 우리는 성교육을 이야기해야 한다.

산치스에 따르면 성교육에는 세 가지 관점이 있다.

°   서구 백인 중산층이 아닌 제3세계의 흑인, 레즈비언 여성주의자들의 주도하에 다중적 정체성과 억압, 여성 간의 차이를 강조하는 페미니즘을 일컫는다.

＊종교적인 관점: 사랑과 결혼에 중점을 둔다. 이런 주제는 도덕적 시민의 관점에서 보는 가족의 일, 즉 임신 및 출산과 관련이 있다.

＊건강과 생물학적인 관점: 성행위와 임신, 성병의 위험성을 설명하되 이데올로기에 따라 관점이 다양하다. 어떤 이들은 청소년의 섹슈얼리티를 거부하고, 또 어떤 이들은 이에 대한 관심을 최대한 유보해야 한다고 주장한다. 여기에서 가장 좋은 결과(원하지 않는 임신율을 낮춤. 스웨덴의 경우 최대 80퍼센트 더 적다.)를 얻은 관점은 청소년들에게 모든 정보를 제공하는 것이다.

＊쾌락을 즐길 권리로 여기며 긍정적으로 보는 관점: 이 관점은 소녀와 소년, 여성과 남성이 섹슈얼리티를 평등의 관점, 즉 페미니즘의 관점으로 바라보게 하기 위해 필요하다.

산치스는 소녀와 소년이 받는 성교육은 완전히 다르다고 설명한다. 그들이 인식하지 못해도 성교육은 젠더의 구성과 함께 시작된다. 소년들에게 섹스는 욕구이고 섹스와 사랑은 분리될 수 있다. 그러나 소녀들은 섹스가 아닌 사랑이 욕구가 되어야 한다고 교육을 받는다. 왜 이런 차이가 나타날까?

고정관념을 통한 교육 모델로 되돌아가 보자. 여성인 우리가 어렸을 때 보았던 낭만적 사랑과 자녀 양육, 백마 탄 왕자님 이야기가 나오는 책과 놀이, 영화, 방송이 기억나는가? 바로 여기에서 이 모든 교육이 시작된다. 이런 교육 모델은 소년들에게 직접 행동하고 집 밖에 나가 가장 중요한 일을 하는 외로운 영웅이 되라고 가르친다. 따라서 소년들에게 사랑은 늘 뒷전이다. 그 결과 소녀와 소년이 사춘기가 되어서 교제를 시작해야 할 때 소년들은 뭔가 훨씬 더 중요한 것들과 싸워야 한다. 한편 소녀들은 섹스하지 않고(따라서 섹스를 좋아하는 소녀들은 매춘부나 더럽고 단정치 못한 여성으로 취급받는다) 사랑에만 집중하도록 교육받는다. 소년들은 사랑은 생각하지 말고(사랑에 빠지면 약골이라거나, 여자에게 쥐여살게 된다고 여긴다), 섹스만 생각하도록(소녀들과 친구들 사이에서 정력을 드러낸다) 교육받는다.

여성과 남성이 사랑과 애정, 섹슈얼리티를 평등하게 나누고 경험하는 유일한 방법은 공동 교육뿐이다. 그렇게 하지 않으면 불평등과 폭력이 계속될 것이다. 소녀와 소년에게 건강한 사랑과 애정, 섹슈얼리티를 경험하도록 가르쳐야 한다. 소년뿐만 아니라 소녀도 이 게임의 법칙을 알고 제대로 참여해야 한다. 상황을 이해하는 능력에 맞게 이 주제에 관해서 이야기해 주는 것이 중요하다. 소녀들에게는 사랑 속에서 섹스를 너무 묶어 두지 않도록 해 주고, 꼭 사랑이 없어도 애정과 욕망의 게임 속에 들어가 쾌락을 위한 성관계를 가질 수 있다는 사실을 알려 줄 필요가 있다. 그리고 소년들에게는 비주기적인 성관계라도 감정을 표현할 수 있고, 원한다면 다른 사람과 건강한 정서적 관계를 맺을 수 있다는 점을 알려 주어야 한다.

개인 공간

소녀와 소년은 자신의 개인 공간personal space을 알고 상대방의 공간도 존중해야 한다. 앞에서 남성은 타인의 공간을 침범하고 여성은 자신의 공간을 양보하는 경향이 있음을 보았다. 이런 경향을 바꾸기 위해서 남아는 타인의 공간을 존중하는 법을 배우고, 여아는 누군가가 개인 공간을 침범하고 불편하게 하면 항의해야 한다는 사실을 알아야 한다. 그들 주변에 있는 우리 어른들이 먼저 그 상황을 감지하고 바로잡아 주어야 한다.

신체 접촉

사실 가장 이상적인 것은 우리 자녀들이 원할 때 포옹하고 키스하고 쓰다듬는 등의 신체 접촉과 애정 표현을 하도록 응원하는 것이다. 그러나 만일 상대방 누구라도 어떤 식이든 신체 접촉을 원하지 않는다고 말할 때는 그 말을 존중하고 행동을 제어하는 능력을 갖추도록 가르쳐야 한다.

나는 딸들이 아주 어렸을 때부터 뽀뽀는 자신이 원할 때만 해야 한다고 강조했다. 보통 어머니나 아버지는 자녀들에게 이모나 삼촌, 할아버지, 할머니, 심지어 처음 보는 사람에게도 뽀뽀를 해 주라고 강요한다. 그런 상황을 보면서 아이들이 애정 표현이란 것이 강요될 수 있는 것이라 배우는 건 아닌지 걱정스러웠다. 그래서 내 딸들은 자신들이 원할 때만 뽀뽀를 하고, 원하지 않으면 절대 하지 않는다. 그래야 누구도 원하지 않는 신체 접촉을 하도록 강요할 수 없음을 배울 수 있기 때문이다. 딸들과 간지럼 태우는 놀이를 할 때도 나는 아이들이 멈추라고 하면 즉시 그만둔다. 이렇게 나는 아이들 스스로 자기 몸을 통제할 수 있음을 가르치고 있다. 특히 남아에게 여아의 몸을 존중하도록 교육하는 일도 매우 중요하다.

성적 학대 예방

내 몸은 내 것이다. 여아와 남아는 자기 몸을 어떻게 할지 각자 결정해야 한다. 스페인에서는 이 주제에 대한 공식 자료가 없고 문서화도 제대로 이루어지지 않아서 조사 기관에 따라 수치가 다르지만, 10명의 소녀 중 2명이 성적 학대를 당하고 있는 것으로 추정된다. 이 문제는 사회 계층이나 지역 또는 가족 유형에 따라 다르지 않다. 정말이다. 어른들은 소녀와 소년이 성적 학대가 잘못된 일임을 분명히 깨닫고 학대가 발생할 경우 부모나 보호자에게 말해야 하며 자신들의 잘못이 아니라는 점을 알게 할 책임이 있다. 즉 우리에게는 아이들을 보호해야 할 책임이 있다.

라나 재단°에서는 성적 학대 예방법 7단계를 제공한다. 이 내용은 어른들에게 미성년자의 성적 학대를 예방하고 상황을 감지하며 조치를 취할 방법과 정보를 제공하는 예방 안내서라 할 수 있다. 7단계를 다음과 같이 요약해 소개한다.

1. 일반적 사실을 인지하기: 어른은 아이들을 보호할 책임이 있다. 학대자의 약 90퍼센트가 가족 구성원 또는 가족의 지인들이다. 따라서 아이들은 성적 학대자를 만날 가능성이 매우 높다. 보고된 바에 따르면, 성적 학대 희

○ 학대당하는 아동을 위한 도움말 네트워크.

생자의 70퍼센트가 미성년자이다.

2. 위험을 최대한 줄이기: 여아 또는 남아가 어른과 혼자 있을 때 성적 학대를 당한다는 사실을 알고 있어야 한다. 따라서 아이들을 맡아 주는 사람이 누구인지, 그들이 무엇을 하는지 알고 있어야 한다.

3. 이 주제에 대해서 말하기: 보통 여아와 남아는 학대당한 사실을 비밀로 하지만, 그 비밀의 장벽을 무너뜨리기 위해 서로 터놓고 이야기해야 한다.

4. 계속 주의 깊게 살피기: 아이들이 먼저 성적 학대를 당하고 있다고 말하기를 기다려서는 안 된다. 분명 학대의 흔적이 남기 때문에 어른이 직접 찾을 수도 있다. 예를 들어, 행동에 변화가 있는지, 나이에 맞지 않는 성적 지식을 가졌는지, 이상한 상처가 있는지 등으로 알 수 있다.

5. 대처법을 파악하기: 일이 벌어졌을 때 어디에 가야 하고, 누구에게 전화하고, 어떻게 대처해야 하는지 등을 알아야 한다. 성적 학대는 신고해야 하는 엄연한 범죄이다.

6. 의심이 생기면 행동하기: 학대의 의심이 든다면 아이들의 미래 행복이 위협받는 상태이다. 이럴 때 도움을 받을 수 있는 기관들이 있다.

7. 참여하기: 아동 학대와 미성년자의 성적 학대를 위해 싸우는 단체를 지원하거나 그곳에 자원봉사자로 참여할 수 있다.

이 안내서에 따르면, 여아 4명 중 1명, 남아 6명 중 1명이 성적 학대의 희생자가 될 수 있다.

사랑과 섹스

성교육을 통해 실용 정보(피임법 및 성병 예방법)를 교육한 후에는 사랑의 감정과 쾌락 부분도 다루어야 한다. 오늘날 여성의 성적 쾌락은 여전히 금기시된다. 최근까지도 아내들은 부정을 저지르지 않고 소녀들은 무절제한 성관계를 하지 않는 것이 법이었다. 즉 섹스를 즐기는 여성, 여러 파트너와 즐기는 여성 또는 공개적으로 섹스에 관해 말하는 여성은 사회에서 용납되지 않는다. 하지만 반대로 남성이 섹스를 이야기하는 건 자연스럽고, 여러 섹스 파트너가 있으면 영웅이 되기도 한다. 왜 이렇게 다른 걸까? 그것은 젠더 구성 때문이다. 남성은 섹스를 즐기고 여성은 사랑을 추구한다는 것. 정말 그럴까? 다시 말하지만, 우리는 이런 사회적 구성을 다시 만들고 생각해야 한다.

유년기와 사춘기 때 소녀와 소년이 무엇을 보고 참고하는지를 분석해 보면, 그 아이들이 사랑과 성에 대한 전혀 다른 개념을 가질 수밖에 없음을 분명하게 알게 될 것이다. 소녀와 소년, 이후 성인 여성과 성인 남성은 이성 관계에서 완전히 다른 방식을 보인다.

안달루시아 지방 모임의 연구에서는 14~16세 청소년의 60퍼센트가 애정 관계에 대한 이해나 관계 형성과 관련해 성차별적 인식과 태도를 보였다. 소년의 20퍼센트 이상이 여성이 남성보다 더 약하다고 생각하고, 주로 남성이 여성을 보호해야 하느냐는 생각에 60퍼센트가 동의했다. 사회에서는 남성이 주도권을 쥔다고 생각한다. 그리고 남성이 성적으로 적극적이고 독립적인 데 반해, 여성은 순종적이고 '진실한 사랑'을 찾으며 진정한 사랑을 만날 때만 섹스를 즐기는 것이 '옳다'고 생각한다.

아이들이 사랑과 성에 대해 참고하는 이야기

성별	유년기의 참고 사항	청소년기의 참고 사항	결과
여성	-사회: "남자 친구 있니?"라는 식의 질문을 한다. 5살만 되어도 남자 친구가 필요하다는 생각을 주입한다. -문학과 영화: 전쟁을 비롯한 여러 상황에서 여성은 순결을 지키고 순종적이고 의존적이며, 삶의 궁극적인 목표도 사랑의 추구이다. -광고: 외모와 가족, 사랑을 걱정하는 여성상을 보여 준다.	-사회: 사랑이 가장 중요하다. 사랑 없이는 존재 의미가 없고, 사랑이 완전한 사람이 되게 한다. 바른 여자들은 섹스를 말하지 않고, 그것을 좋아하거나 관심 갖지 않는다. -문학과 영화: 유년기와 동일하다. -광고: 유년기와 동일하다. -대중문화: 남성을 유혹하는 방법, 그들의 마음에 드는 방법, 심지어 그들에게 즐거움을 줄 방법에 초점을 맞춘 소녀용 잡지가 나온다.	여성에게 사랑은 가장 중요하며 때로 존재 이유가 되기도 한다. 섹스는 사랑에 따르는 부차적인 것으로 사랑과 긴밀하게 연결되어 있다.
남성	-사회: 여성은 약한 존재이다. 남성은 강하고 독립적이어야 한다. 울어서도 안 되고 감정을 드러내서도 안 된다. -문학과 영화: 남성 주인공들은 사랑이 최우선 순위가 아니라서 집을 떠나 모험에 집중한다. -광고: 남성은 독립적이고, 직업과 개인적 야망, 섹스에 집착한다.	-사회: 남성에게는 섹스가 가장 중요하고 자위는 개인적 즐거움이다. 남성에게 여성은 성적 욕망의 대상이며, 여성과 감정적 관계를 만드는 일은 부차적이다. -문학과 영화: 유년기와 동일하다. -광고: 유년기와 동일하다. -대중문화: 매춘을 포함한 포르노를 보여 준다.	남성은 섹스를 우선순위에 둔다(포르노를 참고한다). 그리고 자기만족에 집중한다. 사랑은 부차적인 것으로 섹스와 사랑은 별개이다.

이런 사회적 기대치의 차이가 있는데 어떻게 여성과 남성이 서로를 이해할 수 있을까? 1960년대에 사회가 발전하면서부터 많은 분야에서 여성이 자유로워지고 조금씩 고정관념이 무너지기 시작한 건 분명한 사실이다. 그런데도 우리 사회에는 바꾸어야 할 과제가 여전히 많이 남아 있다.

여성은 남성이 그저 한 가지(섹스)만 생각하기 때문에 조심해야 한다고 교육을 받는다. (단정하지 못한 여자가 되기 때문에) 섹스를 즐기면 안 되고, 단지 사랑 게임의 일부이기 때문에 동의해야 한다고 배운다. 얼마나 모순된 내용인가.

섹스에 대한 오해

로사 산치스는 성교육의 부재로 아주 다양한 결과가 나타난다고 말했다. 예를 들어, 성교가 섹스의 절정이라고 믿게 만든다. 사실 성적 쾌락과 관련된 모든 것이 섹스이다. 전희는 무엇에 대한 전희인가? 십 대들이 섹스에 대한 분명한 개념을 갖지 못하게 막는 오해들이 이미 사회 전반에 깔려 있다. 왜 '첫 경험'이 꼭 성교를 뜻할까? 동성애자들에게 첫 경험은 과연 무엇일까? 레즈비언들에게는? 이들은 절대 같은 식의 '첫 경험'을 할 수가 없다. 사실 커플 사이에서 섹슈얼리티의 시작은 '순결을 잃을 때'가 아니라 두 사람이 키스나 애무, 자위, 오럴 섹스, 성교, 항문 섹스 등 다양한 성적 즐거움을 나눌 때이다.

성관계 방법은 아주 다양하다. 비록 사회적으로 성교가 가장 널리 알려진 방법이고 문화적으로도 성관계의 중심축이 되지만, 성교는 남성주의적 행동이며 여성에게 쾌락을 줄 수는 있어도 여성이 오르가슴을 느낄 수 있는 가장 확실한 방법은 아니다. 이는 관련 연구에서 이미 확인되었다. 물론 오르가슴이 성관계의 유일한 목적은 아니지만 여성도 오르가슴을 원하고 즐거움을 느끼고 싶어 한다는 사실을 명심해야 한다. 남성도 이 사실을 알아야 한다. 여성의 성적 자유는 쾌락에 있고, 쾌락을 추구하는 방법이 남성의 방법과 같을 필요는 없다. 여성도 섹스를 통해 권력을 갖고 즐기며, 남성은 성교가 여성에게 기쁨을 주는 가장 확실한 방법이 아닐 수도 있음을 명심해야 한다.

여성의 성적 해방

여성은 성적으로 해방되었지만, 그렇다고 여성이 남성을 위한 성적 배설구라거나 기분대로 아무 곳에나 두는 존재라는 뜻은 아니다. 오늘날 여성의 '자유'라는 명목으로 여성의 성을 착취하거나 매매하지만, 여성의 '해방'은 그런 게 아니다. 20세기 중반 페미니스트들이 성적 해방에 대해서 말했던 것은 남성이 여성을 원하는 대로 대하고 성적 대상으로 취급해도 된다는 뜻이 아니었다(예를 들어, 미디어와 포르노 또는 성매매에서는 여성을 사물화한다). 여성도 섹스를 즐기고 성적 쾌락을 느끼고 싶어 한다는 뜻이었다.

얼마 전 까지만 해도 사람들은 여성이 성교를 통해 오르가슴을 느낀다고 생각했다. 그러나 다양한 연구들이 쾌락을 느끼는 중심 부위는 음핵이라고 밝혔다. 조사 기관에 따른 차이는 있지만 여성의 25~40퍼센트만이 성교를 통해 오르가슴에 도달한다. 음핵의 자극은 남성의 쾌락과는 거리가 멀다. 남성은 성교를 통해 쾌락을 느낀다. 영화나 문학 같은 문화적 배경에서는 보통 두 육체가 서로 붙어서 성행위를 하는 모습이 나타난다. 남성을 위한, 남성에 의한 산업인 포르노에서 여성은 남성의 쾌락을 위해 존재하며 완전히 사물화된다. 따라서 청년들은 섹스가 그런 역할을 한다고 생각할 수밖에 없다.

왜 사람들은 성교가 섹스의 중심이라고 생각하는 걸까? 수세기 동안 매우 보수적인 사회에서 섹스는 재생산의 목적이 있었고 (사실은 그렇지 않지만, 적어도 도덕적으로) 성교가 임신을 위한 방법이었기 때문이다. 그러나 섹스에 재생산의 목적만 있는 것이 아니라는 사실을 받아들이면 성교는 그저 성관계 중 하나가 될 것이다.

실제로 성행위가 남성 중심적인지 확인하고 싶다면, 꼭 케이트 밀레트의 『성의 정치학』을 다시 읽어 보길 바란다. 이 책에서는 권력 관계가 팽배하고 인종과 계급 제도, 사회 계층, 성별을 압제하는 정치적 문제로서 페미니즘과 남성중심주의를 다룬다. 모든 권력의 길은 남성의 손에 있다. 남성은 군사, 대학, 경제, 과학, 정치 분야에서 여성에게 영향을 줄 수밖에 없는 특권을 가진다. 이런 사회 조직은 완전히 의도적이다. 정치 권력자들에게 가정이란 그들이 통제할 수 없는 것을 통제하는 연결 고리이다. 가족들은 각 구성원이 사회에 적응하도록 신경 쓸 것이다. 가정 내 계층 구조도 분명하다. 남성에게 힘이 있고, 나이가 어린 남성과 여성이 마지막 계층이다(많은 가정에서 아버지와 남자 형제가 최종 결정권을 가지고 여성은 나이가 많아도 뒷전이다). 가부장제에서는 통제 체제를 유지하기 위해 여성이 순종적이고 사근사근하며 성적으로도 더 보수적이고 신중하길 바란다. 그리고 낭만적 사랑에 대한 잘못된 믿음이 이 역할의 바탕이 된다. 이런 관점으로 볼 때, 과연 여성의 성적 쾌락은 어디에 있는 걸까?

잡지 『틴 보그Teen Vogue』에 〈항문 섹스에 대해서 알아야 할 내용〉이라는 제목으로 십 대에게 섹스를 가르치는 내용이 실렸다. '여성의 젠더와 성 연구' 전문가인 라켈 로사리오 산체스Raquel Rosario Sánchez는 항문 섹스는 남성이 많이 원하는 성행위 중 하나이지만, 이에 관심이 전혀 없는 여성들도 많다는 사실을 명심해야 한다고 말했다.[65] 성적 쾌락 측면에서 남성의 음경에 해당하는 것이 여성의 질이 아니라 음핵임에도 불구하고 이 잡지에 나온 여성의 신체 해부도에는 여성의 음핵이 빠져 있다. 이 잡지를 보는 남성들은 음핵이 성행위와는 전혀 관련이 없다고 생각하게 되지 않을까? 산체스에 따르면, 이성 간 성관계에서 특히 사춘기 십 대들 사이에 항문 섹스에 대한 강압적 분위기가 있다는 사실은 언급되지 않는다고 한다. 섹슈얼리티를 연구하는 페미니스트들은 여성에게 '고통스럽고 위험한' 성행위를 하도록 많은 압박을 받는다는 십 대들의 말에 우려를 표시했다. 그렇다면 왜 『틴 보그』는 여성을 설득하기 위해 이런 기사를 싣는 것일까? 이것이 바로 가부장제가 작동하는 방식이기 때문이다.

자위

여아와 남아는 어릴 때부터 자신의 성기에 대해서 호기심을 느낀다. 따라서 성기를 관찰하고 살펴보는 일은 아주 정상적이다. 다만 이런 탐색이 매우 개인적으로 이루어져야 한다는 점을 알려 주어야 한다. 우리 자녀는 어릴 때부터 자기 몸에 대해서 알아야 하고 그것은 아주 자연스럽고 긍정적이라는 점을 알려 주는 것이다.

살라망카 대학과 칸타브리아 대학에서 청소년의 성관계를 연구했는데, 여학생의 83.7퍼센트가 자위 경험이 없는 데 반해 남학생은 7.1

퍼센트 정도만 없었다. 왜 이런 결과가 나왔을까? 대답은 둘 중 하나이다. 여학생은 여전히 여성에게 성적 쾌락이 필요 없다는 고정관념의 압박을 받고 있거나 자신의 몸을 체험할 만한 충분한 교육의 기회와 성적 자유가 없기 때문이다. 어느 쪽이든 우울한 답변이 아닐 수 없다. 소녀들은 자신을 발견하고 성적 쾌감을 즐기며 두려워하지 말고 그것을 알릴 권리가 있다.

자유로운 섹슈얼리티에 대한 관점

그렇다. 여성은 원하는 대로 더 자유롭게 섹슈얼리티를 경험할 수 있고, 아무도 그 경험을 판단할 권리는 없다. 더 나아가 여성은 합의된 성관계를 시작할 수 있고, 언제든 계속하고 싶지 않은 때를 스스로 결정할 수 있다. 셔츠와 브래지어, 팬티를 벗고 거리를 나설 수도 있고, 어떤 남성도 그런 여성을 성폭행하거나 만질 권리는 없다. 물론 남성도 이 모든 일을 할 수 있고, 여성도 그것을 존중해야 한다. 그러나 이런 말을 굳이 할 필요가 없는 이유는 성적으로 공격하는 사람은 주로 여성이 아니라 남성이기 때문이다. 여학생들은 자신의 섹슈얼리티가 자신의 것이기 때문에 늘 상황을 관리해야 한다. 언제 원하지 않는지, 원하더라도 할지 말지 모두 결정할 수 있다. 언제든지 멈출 수 있으며, 그렇게 한다고 해서 아무 일도 일어나지 않고 '성적 매력이 없는 여자'가 되는 것도 아니다. 간단하다. 결정만 내리면 된다.

커플 관계에서 꼭 상대에게 만족을 주어야 하는 건 아니다. 만일 남성이 섹스를 원해도 여성으로서 원하지 않는다면 편하게 싫다고 대답할 수 있어야 한다. 남성이 특정 성행위를 원해도 여성이 싫다고 하면 그 의사를 존중해야 한다. 나는 여성 해방이 여성의 쾌락을 뜻하고 남성의 성적 대상이 되는 것이 아님을 다시 한번 강조한다. 여성은 모든 성관계가 꼭 사랑이라는 틀 안에서만 이루어지는 게 아니고 애정 관계가 아니어도 쾌락을 느낄 수 있음을 알아야 한다.

남성은 모든 성행위가 쌍방의 동의하에 이루어져야 하며 여성이 남성을 위한 도구가 아닐뿐더러 가끔 성관계만 하는 관계에서도 존중과 애정이 바탕이 되어야 함을 알아야 한다. 그들은 성행위 때문에 생길 수 있는 위험(임신 및 성병)에 대해서도 공동으로 책임져야 한다. 섹슈얼리티를 자유롭게 경험해야 하지만, 정서적인 위험 요소뿐만 아니라 신체적인 위험 요소도 인식해야 한다. 남성은 여성이 단순히 성적 대상이 아니며 성관계를 할 때 개인 행동과 자기만족이 아닌 상대방과 그 순간을 공유하는 일이 중요하다는 사실을 알아야 한다.

이런 상황에서 다음의 질문을 던지는 것이 중요하다. 만일 여성이 자유롭게 섹슈얼리티를 경험할 수 있다면, 포르노 업계에서 일하거나 매춘을 할 자유가 있는가? 성적 대상이 되겠다고 스스로 결정할 자유가 있는가? 잡지 표지에 벗고 나올 자유가 있는가? 이것이 정말 자유인가, 아니면 다른 대안이 없어서 어쩔 수 없이 그러는 것인가?

강간 문화

성폭행과 강간의 진짜 심각한 문제는 이것이 사회에서 완전히 허용된다는 사실이다. 오히려 성폭행을 당한 소녀나 성인 여성이 "정말 당신이 원한 게 아닌가요?", "당신이 밤새 그 일을 하게 만들었겠지."라는 의심을 받는다(피해자 책임 전가°).

이런 강간 문화는 관련 사례들의 형량이 결정되는 것을 보면 알 수 있다. 강간당한 5세 여아가 분명하게 저항하지 않았다는 이유로 범죄자의 형량이 감소된 사례가 있고,[66] 여성이 만취한 상태가 아니었다는 이유로 또 다른 범죄자의 형량이 줄었다.[67] 영화감독이나 배우, 사진작가와 일한 여성들의 끊임없는 고발과 그녀들이 당한 괴롭힘, 공격 및 강간을 공개적으로 비난하기로 한 많은 익명의 여성들을 보면, 이런 행동이 예외가 아니고 우리 사회에 완전히 뿌리 내려 허용되고 있다는 사실을 알 수 있다. 남성은 여성의 증언들을 자주 들으면서도 또다시 여성을 공격하고 폭력을 가한다.

우리는 살면서 내내 이 부분에 대해 잘못된 교육을 받았다. 여성은 밤에 혼자 집에 가기를 피하고 남성을 자극하지 않아야 하며, 공격을 피하려고 주머니에 호신용 스프레이를 들고 다니라고 교육받는다. 그런데도 남성은 성폭력 금지 교육을 받지 않는다. 또 남성은 여성이 원하지 않으면 그 뜻을 존중해야 하고 성적 만족을 위해 여성을 아무 때나 취할 수 없다는 점을 배우지 않는다. 여성이 남성에게 애교를 떤다고 해서 섹스하고 싶다는 뜻은 아니다. 설령 원해서 여성이 남성의 집으로 따라간다고 해도 마음이 변해서 성관계를 하고 싶지 않을 수도 있다. 침대에 이미 누운 상태일지라도 더 이상 하고 싶지 않다

---

o   어떤 사회현상에 의해 피해를 본 사람을 공범으로 간주하는 주의나 경향.

거나 멈추고 싶다고 말할 수 있다.

여성은 남성에게 성적 만족감을 주고 섹스를 거절하지 못하도록, 또는 원하지 않는 것을 하도록 교육을 받는다. 남성은 원할 때 원하는 대로 만족을 얻을 수 있도록 교육받는다. 우리 자녀들도 이해 수준에 맞게 그것이 성폭력이고 강간임을 알아야 한다. 때로 남성은 여성이 결국 포기할 때까지 집요하게 성관계를 요구하는데 이것을 '거짓 동의'라고 한다. 여성은 압박에 못 이겨 허락하지만 사실은 섹스를 원하지 않는다. 따라서 이 또한 성폭력이다. 영화 〈스톡홀름 Stockholm〉의 첫 부분에서 한 남자가 밤에 알게 된 여성에게 계속 끈질기게 성관계를 요구하는 장면이 나온다. 영화 속 그 남자는 재미있고 매력적이며 꾸밈없이 솔직한 인물이다. 영화의 두 번째 부분에서는 여성이 그에게 요구하지만, 그(그리고 영화를 보는 사람들)는 그녀가 미쳤다고 생각한다. 보통 남성이 요구할 때는 정상이라고 생각해도, 여성이 요구하면 정신 나간 사람으로 취급한다.

성폭력과 강간은 여성의 동의 없이 성관계를 강요할 때 발생한다. 즉 여성이 동의하지 않을 때, 압박이나 협박을 당할 때, 상대가 강요할 때, 남성이 동의 없이 콘돔을 사용하지 않을 때, 여성이 의식적으로 전혀 동의하지 않을 때(잠을 자고 있다거나, 무의식 상태 또는 술이나 약물로 인해 몸을 가눌 수 없는 상태일 때) 여성은 신체적으로 성폭력이나 강간을 당한다.

'노'의 뜻은 확실히 '노'이다. 즉 "원하지 않는다." 또는 "싫다."라는 뜻이다. "피곤해."도 거절의 의미이다. 침묵 또한 거절을 뜻한다.

'예스'라는 대답만 '원한다'는 뜻이다. 우리는 자녀들의 마음속에 이것만은 꼭 심어 주어야 한다. 왜냐하면 '강간 여성 돕는 협회' 대표인 티나 알라르콘Tina Alarcón이 말한 바와 같이, 남성이 여성의 의사 표시를 잘 이해하지 못해서 범죄가 생기고, 남성은 여성을 성적으로 폭행할 자유가 있다고 느끼기 때문이다. 그리고 잘못된 교육을 바탕으로 강간 문화가 갈수록 사회에 더 깊게 뿌리 내리고 있기 때문이다.

스페인 내무부의 자료에 따르면, 스페인에서는 8시간마다 남자 1명이 여성을 폭행하고, 하루 평균 3명의 여성이 성폭행을 당한다. 6건의 폭행 중 1건만 밖으로 알려진다는 사실을 보면, 강간 문화가 얼마나 이 나라에 뿌리 깊게 자리 잡고 있는지 알 수 있다.

영향이 어느 정도인지 알아보기 위해 외부 사례들을 살펴보도록 하자. 모르는 사람의 키스를 받고 다시 살아난 공주들을 보면, 자고 있거나 어찌할 수 없는 상황에서 누군가가 그녀에게 키스(그 외 다른 행위들)를 해도 된다는 생각을 은연중에 갖게 된다. 힘없는 여성이 학대당하는 영화가 얼마나 많은가? 영화 〈그녀에게〉에서는 주인공인 베니뇨가 뇌사 상태로 누워 있는 알리샤를 성추행한다. 십 대와 청년들을 대상으로 만든 영화 〈색을 밝히는 사람들Ligones〉에서는 성폭행이 등장하고 그 일에 대한 파문이 농담처럼 나온다. 영화감독인 베르나르도 베르톨루치는 영화 〈파리에서의 마지막 탱고〉에서 남자 배우인 말런 브랜도와 함께 여배우 마리아 슈나이더를 그녀 모르게 실제로 강간하기도 했다.

줄거리와 상관도 없고 폭행범이 대가를 치르지도 않는 강간 장면을 내보내는 많은 영화와 드라마는 강간 문화를 형성하는 데 큰 책임이 있다. 페미니즘 이론가이자 여성운동가인 케이트 밀레트는『성의 정치학』을 통해 문학과 영화에서 강간과 성폭력을 아무렇지 않게 다루는 문제를 언급했다. 그녀는 노먼 메일러, 헨리 밀러, 장 주네의 글이 젠더 인식의 부족으로 모든 사람을 분노하게 만든다고 분석했다. 자기만족만을 위한 어떤 외설물이나 성매매에서도 여성을 긍정적으로 생각하거나 존중하며 그녀들의 욕구를 신경 쓰라고 가르치지 않는다. 남성의 주변에서 벌어지는 사례들은 용납할 만한 관행으로 '흔히 벌어지는 일'이라는 생각을 심어 준다.

그러나 강간 문화와 맞서 싸우는 일이 모두 다 실패하는 건 아니다. 예를 들어, 성폭력을 직접 목격하고 자신의 콘서트를 중단시킨 스타 뮤지션들도 있다. 샘 카터는 자신이 목도한 성폭력을 알리기 위해 자신의 밴드 아키텍츠Architects의 연주를 중단시켰다. 이 일은 페미니즘이 올바른 일을 하고 있으며 페미니스트 덕분에 일부 의식이 깨어나고 있음을 보여 준다.

섹슈얼리티 관리

누리아 베레라는 자신의 책『피로: 새로운 여성혐오에 대한 페미니스트들의 반응Cansadas: una reacción feminista frente a la nueva misoginia』에서 분명한 수치를 제시한다. 2010년 스페인에서 원치 않는 임신을 예방하고 중지하길 원하는 여성들에게 법적인 안전을 보장하는 '성생활과 생식 및 자발적 임신 중절 법률'이 발효된 후 1년 동안 낙태 횟수가 감소했다. 2011년에는 여성 1,000명당 12.47명이 었고, 2012년에는 12.12명, 2013년에는 11.74명, 2014년에는 10.46명 이었다. 가장 어린 연령층에서 많은 감소가 나타났다. 결론적으로 여성의 섹슈얼리티 관리를 돕는 이 법률 덕분에 가족계획에 대한 인식이 높아졌고 '이후' 발생할 수 있는 심각하고 어려운 결과를 피할 수 있게 되었다.

청소년기에는 원치 않는 임신과 성병 감염의 가능성을 관리하고 그 책임을 함께 나누어야 한다. 여학생과 남학생이 이 일의 규칙을 받아들이고 숙지해야 한다. 그러기 위해서는 상황을 제대로 통제하고 결정을 내릴 만한 실제 정보를 많이 숙지해야 한다. 어머니와 아버지, 교사들은 아이들의 위험을 인식하고 아이들이 올바른 결정을 내릴 수 있도록 필요한 정보를 제공할 책임이 있다.

낙태

2016년에는 11세 칠레 소녀가 계부의 강간으로 연속 임신을 하게 된 사례가 있었다. 칠레에서는 낙태가 예외 없이 불법이다. 같은 해 페루에서는 11세 소녀가 사촌에게 강간을 당해 임신했다. 이곳에서도 낙태가 불법이라서 이 소녀는 불법 낙태 시술을 하다가 이틀 뒤 사망했다. 세상에는 이런 사례가 반복되고 있다. 경제적, 신체적으로 자녀를 부양할 수 없는 상황에서 임신한 여성들도 많다. 그래서 어떤 여성들은 자신의 신체와 삶에 대한 결정을 스스로 내리길 원한다.

물론 낙태라는 주제가 인종이나 개인의 윤리에 따라 결정되기 때문에 충분히 논쟁의 여지가 있다. 그러나 우리 자녀들과 이 주제를 이야기하기 위해서는 몇 가지 분명한 개념을 알아야 한다.

✽ 어떤 여성에게도 낙태를 강요할 수 없다. 낙태를 원하지 않으면 안 해도 된다.
✽ 이 문제는 도덕적인 토론이 아니라 법적인 토론의 주제이다.
✽ 어떤 여성이 낙태를 반대해서 어떤 어려운 상황에서도 낙태를 원하지 않는 것은 합법적이지만, 그렇다고 모든 여성에게 같은 도덕적 잣대를 들이댈 수는 없다.
✽ 낙태는 과거에 계속된 것처럼 앞으로도 계속 일어날 것이다. 모든 여성에게 안전한 낙태의 기회를 제공하기 위해서는 신중해야 한다.
✽ 세계보건기구에 따르면 낙태가 합법화된 나라에서는 낙태 횟수가 상당히 감소했다. 낙태가 불법인 국가에서는 여성 1,000명당 37건의 낙태가 발생한다(대부분 낙태가 불법임을 잘 알고 있다.). 이로 인해 690만 명의 여성이 합병증을 앓았고, 4만 4,000명에 이르는 여성들이 잘못된 수술 과정에서 생긴 합병증으로 사망했다. 낙태가 합법화된 국가에서는 1,000명당 34건의 낙태가 발생하고, 사망률은 수술 과정에서 10만 건당 0.7건에 불과하다.

따라서 낙태의 합법화는 낙태의 증가가 아닌 감소를 가져오고, 낙태한 여성의 건강 위험성도 매우 감소시킨다.

스페인의 불임클리닉에는 50만 개 이상의 냉동 배아가 있다. 대부분은 죽게 되지만 관련 법률은 없다. 그런데도 왜 낙태에 관해서만 이런 논란이 생기는 걸까? 미겔 로렌테는 그 이유에 대해 "여성이 결정할 수 있는 문제이기 때문이다."라고 말한다.

만일 낙태를 반대하는 이유가 정말로 '생명' 때문이라면, 낙태 여성을 보호하는 법률이 성교육을 촉진하고 이로 인해 원치 않는 임신 숫자가 줄었으며 이것이 진정한 해결책임을 알아야 한다. 물론 강간당한 11세 소녀나 임신 때문에 죽을 위기에 처한 소녀에게만 낙태가 합법화되어야 한다고 생각하는 사람들도 있다. 다시 말하지만, 낙태는 문제를 겪는 여성들이 결정할 일이다. 과연 여성은 강간을 당했을 때에만 자기 몸의 주인이 되고 낙태 여부를 스스로 결정할 수 있는 것일까?

Advice

자녀들과 나이에 맞게 성에 관한 대화를 시작하고 조금씩 복잡한 상황들과 정보에 대해서도 이야기해 나가는 것이 중요하다. 만일 어릴 때부터 성에 대해서 전혀 이야기하지 않으면 자녀가 12세가 되었을 때 무엇을 설명해야 할지 어려워진다. 이미 그때가 되면 늦는다. 우리는 언제든지 성을 이야기해야 한다. 방법을 모르면 영화나 그림 또는 문제의 여지가 있는 장면을 보고 나서 대화의 주제를 얻을 수도 있다. 우리는 자녀들에게 성에 대한 긍정적인 생각을 심어 주어야 한다.

소녀들에 대한 괴롭힘과 폭력

안달루시아 여성 연구소에서 이루어진 사회학자 카르멘 루이스 레푸요Carmen Ruiz Repullo의 연구를 보면 대부분 피해자는 '거짓 동의'로 인한 성폭력을 당하고, 군림하는 섹슈얼리티의 모델에 익숙하다. 앞에서 살펴본 것처럼 이것은 수많은 젊은 여성들이 원치 않는 성관계에 동의한다는 점을 뜻한다.

또 여성에 대한 남성의 학대가 유년기부터 시작된다는 사실이 증명되었다. 마드리드에서 실시된 연구는 이를 보여 주는데, 일부 남아가 여아를 무시하는 행동을 하기 시작하고 여자라는 이유만으로 괴롭혔다. 심지어 남아가 자기 근처에 여아를 두고 싶어 하는 신체적 공격도 보였다. 시간이 흘러 사춘기가 되면 이 모든 행동은 대부분 더 격렬해지고 강화된다.[68] 예를 들어, 소년들 자신의 용감함을 드러내기 위해 소녀들의 엉덩이나 가슴을 만진다. 이것이 바로 상대방이 원하는 바를 무시하고 자기만족에만 초점을 맞추는 성행위의 시작이다.

그리고 자신의 우월성을 드러내기 위해 남아는 여아를 무시하는 말을 하기 시작한다. 말의 주제는 주로 신체(엉덩이, 가슴)이고, 기존 여성성의 기준에 비추어 상대를 모욕한다("뚱뚱하다.", "못생겼다.", "남자같이 생겼다." 등).

보통은 십 대에 이성 교제를 시작하는데 서로의 기대치를 고려하지 않은 채 계속 관계를 이어 간다. 따라서 한쪽이 다른 한쪽을 지배하고 자기 의견을 강요하기 시작한다. 의견의 불일치와 다툼이 이어지는 상황에서는 협상과 대화의 기술 대신 상대를 통제함으로써 해결하려고 한다. 여기에서 질투가 생기기도 하는데, 보통은 그 감정을 사랑인 것처럼 여긴다. 그러나 소녀와 소년은 함께 커플로 있을 때도 각자 자유로운 존재임을 알아야 한다. 결코 상대방의 자유를 막아서는 안 된다. 질투는 곧 불안과 통제를 뜻하며 꼭 피해야 하는 폭력의 한 형태이다. 상대방이 화가 나지 않도록 소녀들이 특정 행동을 피하거나 중단하고, 이 때문에 친구 관계도 끊기고 다른 사람들과 격리될 수 있기 때문이다.

소녀와 소년은 이성 관계에서 둘 다 자유로운 존재이다. 그러므로 둘 중 한 명이 관계의 방식을 싫어한다면 감정적 관계를 포기하는 것이 옳다.

사춘기 남성우월주의 폭력의 징후

만일 소녀가 남성우월주의 폭력의 희생자라면 그 사실을 깨닫지 못할 수도 있다. 그러므로 피해자 소녀에게 나타날 수 있는 모든 징후를 알아야 한다.

✽평소에 친하던 친구들과 만나지 않는다.

✽예전처럼 옷을 입거나 외모를 꾸미지 않는다.

✽상대에게 모욕적이고 무시하는 말을 듣는다.

✽매 시간 전화 또는 문자를 받는다.

✽ 학교 성적이 더 떨어진다.

✽ 메시지를 받으면 화를 내고 기분이 안 좋다.

✽ 상대에게 욕을 듣고도 대꾸하지 않는다.

✽ 상대 앞에서 겁을 낸다.

✽ 상대의 신체 공격을 인정하거나 정당화한다.

✽ 상대의 신체 공격이 없어도 겁을 먹는다. 이럴 때는 곧장 조처해야 한다.
  두려움은 공격자의 조종과 피해자의 복종을 뜻하기 때문이다.

소녀는 이런 일들이 학대라는 사실을 알지 못할 가능성이 매우 높다. 따라서 주변의 어른들이 이 사실을 알아채야 한다.

다음은 공격자 소년에 대한 설명이다.

✽ 질투가 많고 상대를 조종하며 소유욕이 강하다.

✽ 남성우월주의적인 행동과 생각을 하고 있다.

✽ 상대에게 지속적인 관심과 헌신을 요구한다.

✽ 상대를 조종한다.

✽ 상대를 무시하고 참아 주지 못하며 절대 타협하지 않는다.

✽ 상대를 위협한다.

우리의 자녀도 미래의 학대자가 될 수 있다. 우리는 아이들을 바르게 교육하고 학대의 가능성이 있는지 확인할 책임이 있다.

성적 따돌림

집단 따돌림을 받는 대상의 70퍼센트가 여아들이다. 여아와 남아가 겪는 대부분의 학교 폭력은 여성성과 남성성의 사회적 구성과 관련이 있다. 보통 남아는 게이 또는 여자처럼 군다는 이유로 친구들의 괴롭힘을 당하고, 여아는 남자처럼 생겼다고 괴롭힘을 당한다. 여자가 남자처럼 생겼을 수도 있는데, 외모가 일반적인 미의 기준에 맞지 않는다고 괴롭히는 것이다. 이런 아이들이 괴롭힘을 당하는 이유는 사회가 제시한 여성과 남성에 대한 기준과 그 고정관념대로 흘러가는 것이 맞다고 생각하면서 다름을 두려워하기 때문이다. 그러면서 사회가 제시한 기준에 맞지 않는 사람에게 언어적, 신체적, 성적 폭력을 가하고 무시하거나 욕한다. 그래서 차이에 대한 인정과 존중, 비폭력, 페미니즘으로 교육하는 일이 매우 중요하다.

드라마 시리즈인 〈루머의 루머의 루머13 reasons why〉를 보면 학교에서 괴롭힘을 당해서 자살을 한 16세 소녀가 나온다. 소녀는 자살의 동기를 13개의 테이프에 남긴다. 이 드라마는 남성우월주의 폭력과 성적인 집단 따돌림이 어떻게 이루어지는지 정확히 보여 준다. 소녀가 친구들에게 괴롭힘을 당했지만, 이 시리즈를 다 보고 나면 학교 폭력의 배경에 분명한 남성우월주의가 있다는 걸 알게 된다. 오늘날 성희롱은 섹스팅, 사이버 불링, 성적 괴롭힘 등 새로운 말로 표현된다. 표현은 다르지만 다 같은 말이다. 자유로운 섹슈얼리티를 경험하는(또는 그렇지 않지만 그렇게 보이는) 사람들은 주변 사람들이 그들의 삶을 살지 못하게 방해한다.

보통은 여성이 섹슈얼리티를 경험하는 것에 대해서 수치심을 준다. "쉬운 여자", "그냥 비곗덩어리랑 있는 것 같아.", "싱싱해.", "뜨겁고 젊은 여자" 또는 "창녀"라는 표현을 많이 들어 봤을 것이다. 이렇게 여성을 평가하는 방식은 남성들 사이에서는 농담으로, 여성들 사이에서는 험담으로 많이 나타난다. 이런 차별과 모욕은 여성이 어떤 모습이 되어야 하는지, 어떤 식으로 행동해야 하는지를 결정하는 데 영향을 주기도 한다.

여성 폭력과 소셜 미디어

요즘 세대의 새로운 특징 중 하나는 소셜 미디어와 휴대폰을 통해 공격과 통제를 많이 한다는 것이다. 왓츠앱과 스냅챗, 인스타그램 등이 주로 이용된다. 많은 소년은 여자 친구에게 연인 사이에는 '비밀이 없어야 한다.'는 핑계로 계정의 비밀번호를 요구한다. 그러나 청소년들은 각자 자신의 비밀을 지킬 자유가 있음을 알아야 한다. (상대 왓츠앱의 메시지를 확인하고 싶어서) 비밀번호를 상대에게 요구하는 행동은 절대 하지 말아야 한다. 소년은 소셜 미디어에서 본 말이나 정보들로 상대를 억압하고 공격하기도 한다. 또 갈등을 겪은 후에 소셜 미디어를 통해 친밀함을 표현하거나, 반대로 관계를 끝내기도 한다. 상대를 곤혹스럽게 하려고 함께 나누었던 사진이나 비디오를 퍼뜨릴 수도 있다.

섹스팅은 모바일 또는 인터넷을 통해 이미지나 동영상 또는 기타

성적인 콘텐츠를 유포하는 행위이다. 바이럴리티virality°는 사회적 관계나 친구 관계 외 사람들에게까지 퍼지기 때문에 가장 파괴적인 폭력 중 하나이다(이 때문에 자살한 사례들이 기억날 것이다).

성적 괴롭힘은 청소년들 사이에서 조롱하고 모욕하기 위해 성적인 말이나 행동으로 피해자를 공격하는 학대의 형태이다.

그루밍grooming은 성인 남성이 소셜 네트워크를 통해 신체적으로 성적 관계를 할 의향이 있는 소녀 또는 소년을 포착할 때 발생한다.

소녀와 소년은 타인에 대한 존중과 친밀감이 이런 공격을 피할 수 있는 기본이 된다는 점을 알아야 한다. 사이버 불링을 비롯한 나머지 여러 종류의 괴롭힘을 피하기 위해서는 교육을 통해 관련 정보를 알고 사이버상에서도 타인을 존중할 줄 알아야 한다. 소셜 미디어를 비판적으로 사용하는 법 역시 배워야 한다.

○   동영상이나 이미지가 아주 빠르게 유포되는 상황.

여성만 갖게 되는
성적 수치심

2013년 캐나다 핼리팩스 지역에 사는 18세 소녀 레타에 파슨스Rehtaeh Parsons가 자살했다. 그녀는 1년 반 전에 같은 반이었던 여러 명의 가해자에게 성폭행을 당했고, 그 결과 '창녀'라는 이름표가 붙었다. 이후 학교를 옮겼지만 사이버상의 괴롭힘과 개인적 협박은 계속되었다. 그녀의 이야기는 우리와 상관없는 일이 아니다. 이 이야기를 다룬 다큐멘터리 영화에서는 비슷한 일로 괴롭힘과 폭행, 지탄을 당한 소녀와 성인 여성의 또 다른 사례들을 소개한다.

왜 여성은 이런 성적 수치를 당해야만 할까? 왜 사회는 여성을 모욕하고 수치심을 안겨 줄까? 여성이 자유롭게 자신의 섹슈얼리티를 표현하고 남성이 여성의 섹슈얼리티를 자연스러운 특징으로 받아들일 수 있도록 이 문제를 토론하고 함께 해결책을 모색해 보자.

페미니즘적인 관계를 위한 10가지 조언

1. 커플의 사랑이 자아실현의 최종 목표가 되어서는 안 된다. 여성과 남성은 완전히 독립적인 존재이다.

2. 당신을 위한 단 하나의 예정된 짝은 존재하지 않는다. '나의 반쪽' 또는 '인생의 사랑'은 존재하지 않는다. 당신의 삶에 많은 사람이 거쳐 갈 수 있고, 우주가 당신 짝을 선택해 주지도 않는다. 모든 인간관계는 발전한다.

3. 질투는 부정적인 감정이다. 질투심을 느낀다고 상대를 좋아한다는 뜻은 아니다. 이 감정은 당신이 어떤 사람인지 보여 주고, 여성을 조종한다는 뜻이다. 질투는 곧 하나의 조종 방식이다. 아무도 상대에게 어떻게 행동해야 하는지, 어떤 옷을 입어야 하는지, 어떻게 사람들과 관계를 맺어야 하는지 말할 권리가 없다. 커플 관계에서도 마찬가지이다.

4. 사랑은 배타적이지 않다. 사회적 구성은 보통 '정상적인' 커플의 사랑을 말하지만, 동시에 1명 이상을 사랑할 수도 있다. 커플 관계는 사회가 결정하는 게 아니라 커플 자신이 스스로 정한다.

5. 여성과 남성의 사랑은 전지전능하지 않다. 사랑으로 모든 게 가능하거나 모든 사랑이 다 가치 있는 건 아니다. 인간의 모든 한계를 뛰어

넘는 힘이 사랑에 있는 것도 아니다. 모든 인간관계에 적용되는 규칙들은 애정 관계에서도 유효해야 한다. 커플의 사랑은 비범하지 않다.

6. 사랑의 목적이 결혼 생활은 아니다. 사랑은 아주 다양한 모습으로 나타날 수 있는데, 꼭 결혼이나 안정적인 부부 관계로 끝나야 하는 건 아니다.

7. '노'는 싫다는 말이다. "지금은 생각이 없다."라는 말도 싫다는 뜻이다. "지금 너무 피곤해."도 싫다는 뜻이다. 오로지 '예스'만이 좋다는 뜻이다. 어떤 소녀라도 언제든지, 어떤 이유로든 싫다고 말할 권리가 있다. 모든 남성은 여성의 결정을 존중해야 한다.

8. 여성도 섹스를 즐기고 쾌락을 느끼길 원한다.

9. 남성도 감정이 있기에 울 수 있고 좌절과 죄책감, 슬픔을 느낄 수 있다.

10. 섹스와 사랑은 별개이다. 이 둘을 구분할 줄 알고 다른 사람도 이것을 구분한다는 사실을 아는 게 중요하다. 간헐적인 성관계에서도 감정과 존중이 있어야 한다.

만족스러운 관계를 유지하기 위해서는 많은 대화를 나누어야 한다. 고정관념에 매이지 않는 정직한 대화를 나누도록 한다.

마무리하며

움직이지 않는 사람은 발에 매인 사슬 소리가 들리지 않는다.

로자 룩셈부르크

스페인에서는 매년 60명의 여성이 남성우월주의 폭력으로 살해 당한다. 이 숫자는 세계적인 테러리스트 ETA에게 살해당하는 사람 보다 훨씬 많다. 그런데 왜 남성우월주의 폭력에 대한 사회적 경각심 은 다른 사건들처럼 높아지지 않는 걸까? 왜 여성의 강간 피해나 고 문은 수없이 듣고 보아도 눈도 깜짝 안 하는 걸까? 왜 우리 여성은 여성을 부속물로 여기는 남성우월주의적인 상황과 말, 행동을 계속 유지하고 합법화해서 엄청난 피해를 보는 걸까?

페미니즘 때문에 평등주의 법률이 제정되었다는 말은 커다란 속 임수에 불과하다. 그런다고 진정한 평등이 이루어지는 건 아니기 때 문이다. 여전히 페미니즘은 필요하다. 이런 이유로 페미니스트들이 여성의 참정권, 자녀에 대한 권리, 교육을 받을 권리, 경제적 독립을 위한 권리 등을 위해 싸우지만, 오늘날 페미니즘은 좀 더 새로운 현실에 집중하고 있다. 즉 여성의 빈곤화, 여남 임금 격차, 여성의 무급 가사 노동, 여성이 혼자 하는 육아, 사회정치적 권력에 대한 접근 불가, 고문, 성폭행, 강간, 성차별, 살인 등에 맞서 싸운다.

우리가 인식하지 못하는 문제들을 포함해 이미 일반화된 수많은 불의의 상황들을 바꾸어 나가야 한다. 이성애 가부장제가 우리에게 남성우월주의 폭력, 성폭력, 성차별주의, 그리고 남성우월주의를 정상적인 것처럼 가르쳤기 때문이다. 또 수십 년간 여성이 평등을 이루었고 더는 투쟁할 것이 없다고 믿게 했기 때문이다. 지지자나 동맹자라고 하면서 여전히 불평등을 지속시키고 합법화하는 남성들이 있기 때문이다.

남성이 급여를 줄여서라도 자녀의 기저귀를 갈고 양육하며 매일 집안일을 한다고 해도 아무도 칭찬하지 않는 날이 올 것이다. 그때가 되면 남성이 혼자 충분히 할 수 있는 일로 여성의 일과를 방해하는 일은 일어나지 않을 것이다. 여성이 충분히 알고 있는데도 나서서 설명하려고 들지도 않을 것이고, 여성의 말에 관심을 기울이고, 대화를 방해하지도 않을 것이다. 또 여성을 조종하려 하지도 않을 것이다. 이렇게 언젠가는 여성이 어떤 남성도 두려워하지 않는 날이 올 것이다. 그때는 여성이 권력을 갖고 중요한 결정을 내릴 수 있는 자리에 앉아 삶의 주인으로서 모든 것을 직접 결정하게 될 것이다. 성적 소비의 대상이 되거나 사물화되거나 숨겨지거나 저평가되지도 않을 것이다.

지금부터 우리 자녀들을 페미니즘과 평등, 존중, 비폭력으로 교육해야만 미래에 불평등과 남성우월주의 폭력을 없애는 법을 만들 수 있다. 우리 사회에는 의식 있고 약속을 지키며 남성우월주의 언어를 그냥 지나치지 않고 사람들 앞에서 평등을 수호할 줄 아는 여아와 남아가 필요하다. 아이들이 틀에 박힌 고정관념에서 벗어나 생각하고 광고, 영화, 텔레비전, 문학, 소셜 미디어, 집단적 상상력 등의 영향력에서 과감히 벗어날 수 있기를 바란다. 그리고 공정함을 위해 싸울 수 있기를 바란다. 이것이 정말 공정한 일이고, 페미니즘이기 때문이다.

주석

1. Varela, N. (2013). *Feminismo para principiantes.* Barcelona: Zeta Bolsillo.

2. Bourdieu, P. (2000). *La dominación masculina.* Barcelona: Anagrama.

3. De Beauvoir, S. (2005). *El segundo sexo.* Madrid: Cátedra.

4. De Miguel, A. (2015). *Neoliberalismo sexual: El mito de la libre elección.* Madrid: Cátedra.

5. Varela, N. (2017). *Cansadas: Una reacción feminista a la nueva misoginia.* Barcelona: Ediciones B.

6. De Miguel, A. (2005). 「Los feminismos a través de la historia」, *Mujeres en Red.* 〈http://www.mujeresenred.net/anademiguel.html〉.

7. Cobo Bedia, R. (1989). 「Mary Wollstonecraft: un caso de feminismo ilustrado」. *Reis*, n.º 48, pp. 213~217. 〈http://dialnet.unirioja.es/servlet/oaiart?codigo=249263〉.

8. Varela, N. (2013). *Feminismo para principiantes.* Barcelona: Zeta Bolsillo.

9. De Miguel, A. (2005). 「Los feminismos a través de la historia」, *Mujeres en Red.* 〈http://www.mujeresenred.net/anademiguel.html〉.

10. Consejo General del Poder Judicial. (2015). *Informe sobre la Estructura de la Carrera Judicial.* 〈http://www.ifuturo.org/informe-sobre-la-estructura-de-la-carrera-judicial-2015〉.

11. Varela, N. (2013). *Feminismo para principiantes.* Barcelona: Zeta Bolsillo.

12. Barbijaputa. (2017). *Machismo, 8 pasos para quitártelo de encima.* Barcelona: Roca Editorial.

13. Moran, C. (2014). *Cómo ser mujer.* Barcelona: Anagrama.

14. Millett, K. (1995). *Política sexual.* Madrid: Cátedra.

15. Firestone, S. (1976). *La dialéctica del sexo.* Barcelona: Ediciones Kairós.

16. Moran, C. (2011). *Cómo ser mujer.* Barcelona: Anagrama.

17. Badinter, E. (1981). *¿Existe el amor maternal?* Barcelona: Paidós Ibérica.

18. Butler, J. (2007). *El género en disputa.* Barcelona: Paidós Ibérica.

19. Castillo Sánchez, M., y Gamboa Araya, R. (2013). ⌜La vinculación de la educación y género⌟, *Actualidades investigativas en educación,* vol. 13, nº 1. Costa Rica: ACCEDES Publications.

20. Sweet, E. (2014). ⌜Toys Are More Divided by Gender Now Than They Were 50 Years Ago⌟, *The Atlantic.* ⟨https://www.theatlantic.com/business/archive/2014/12/toys-are-more-divided-by-gender-now-than-they-were-50-years-ago/383556/⟩.
Sweet, E. (2014). ⌜How Did Toys Get Stereotyped by Sex?⌟, *New York Times.* ⟨https://www.nytimes.com/roomfordebate/2014/12/22/why-should-toys-come-in-pink-and-blue/how-did-toys-get-stereotyped-by-sex⟩.

21. McCabe, J.; Fairchild, E., y Grauerholz, L. (2011). ⌜Gender in Twentieth-Century Children's Books⌟, *Gender & Society,* vol. 25, nº 2, pp. 197~226. ⟨http://journals.sagepub.com/doi/abs/10.1177/0891243211398358?journalCode=gasa⟩.

22. Ministerio de Educación, Cultura y Deporte. (2016). *Datos y cifras del sistema universitario español.* Curso 2015/2016. ⟨https://sede.educacion.gob.es/publiventa/datos-y-cifras-del-sistema-universitario-espanol-curso-20152016/estadisticas-universidad-espana/21461⟩.

23. Carli, L. L.; Alawa, L., Zhao, B.; Kim, E., y Lee, Y. (2016). ⌜Stereotypes About

Gender and Science」, *Psychology of Women Quarterly*, vol. 40, n.º 2, pp. 244~260. 〈http://journals.sagepub.com/doi/ abs/10.1177/0361684315622645〉.

24. Kerkhoven, A.; Russo, P.; Land-Zandstra, A. M.; Saxena, A., y Rodenburg, F. J. (2016). 「Gender stereotypes in Science Education Resources: A Visual Content Analysis」, *PloS One,* vol. 11, n.º 11. 〈https://www.ncbi.nlm.nih.gov/ pubmed/27851759〉.

25. Grunspan, D.; Eddy, S.; Brownell, S.; Wiggins, B.; Crowe, A., y Goodreau, S. (2016). 「Males Under-Estimate Academic Performance of Their Female Peers in Undergraduate Biology Classroom」, *PloS One,* vol. 11, n.º 2. 〈https:// www.ncbi.nlm.nih.gov/pmc/articles/PMC4749286/〉.

26. Banchefsky, S.; Westfall, J.; Park, B., y Judd, C. (2016). 「But You Don't Look Like a Scientist!: Women Scientists with Feminine Appearance are Deemed Less Likely to be Scientists」, *Sex Roles*, vol. 75, n.º 3~4, pp. 95~109.

27. Bian, L.; Leslie, S., y Cimpian, A. (2017). 「Gender stereotypes about intellectual ability emerge early and influence children's interests」, *Science*, vol. 355, n.º 6.323, pp. 389~391. 〈http://science.sciencemag.org/content/355/6323/389〉.

28. Wegrzyniak, L.; Repke, J., y Ural, S. (2012). 「Treatment of Hyperemesis Gravidarum」, *Reviews in Obstetrics and Gynecology,* vol. 5, n.º 2, pp. 78~84. 〈https://www.ncbi.nlm.nih.gov/pmc/articles/PMC3410506/〉.

29. Castillo Sánchez, M., y Gamboa Araya, R. (2013). 「La vinculación de la educación y género」, *Actualidades investigativas en Educación*, vol. 13, n.º 1. Costa Rica: ACCEDES Publications.

30. 유럽연합 집행위원회, 〈http://ec.europa.eu/justice/gender-equality/files/gender_ pay_gap/2016/gpg_country_factsheet_es_2016_es.pdf〉.

31. Marçal, K. (2016). *¿Quién le hacía la cena a Adam Smith? Una historia de las mujeres y la economía.* Barcelona: Debate.

32. Lima Fernández, A. (coord.) (2015). *Informes de los Servicios Sociales en*

España (I y II ISSE 2013~2015). Madrid Consejo General del Trabajo Social. ⟨https://www.cgtrabajosocial.es/publicaciones/ii-informe-sobre-los-servicios-sociales-en-espana-isse-ii/83/view⟩.

33. 출처: 주 검찰청.

34. 검찰청.

35. Amin, A., y Chandra-Mouli, V. (2014). ⌜Empowering adolescent girls: developing egalitarian gender norms and relations to end violence⌟, *Reproductive Health*, vol. 11, n.º 1, p. 75. ⟨https://www.ncbi.nlm.nih.gov/pmc/articles/PMC4216358/⟩.

36. Butler, J. (2007). *El género en disputa*. Barcelona: Paidós Ibérica.

37. Gil Gómez, L., y Pérez Asperilla, E. (2012). *Publicidad estereotipos y roles de juego desde una perspectiva de género* (trabajo de fin de máster). Mádrid: Universidad Complutense de Madrid. ⟨http://eprints. ucm.es/16605/⟩.

38. Gil Gómez, L., y Pérez Asperilla, E. (2012). *Publicidad estereotipos y roles de juego desde una perspectiva de género* (trabajo de fin de máster). Madrid: Universidad Complutense de Madrid. ⟨http://eprints.ucm.es/ 16605/⟩.

39. Alonso Valdivieso, C. (2014). *Dibujos animados y estereotipos femeninos*. Granada: Universidad de Granada. ⟨http://www.seeci.net/cuiciid2014/cd-cuiciid/Documents/Pdfs/MESA%20DE%20INNOVACI%C3%93N/INNOVACI%C3%93N%201/Alonso %20Valdivieso.pdf⟩.

40. Gil Gómez, L., y Pérez Asperilla, E. (2012). *Publicidad, estereotipos y roles de juego desde una perspectiva de género*(trabajo de fin de máster). Madrid: Universidad Complutense de Madrid. ⟨http://eprints. ucm.es/ 16605/⟩.

41. Iglesias Méndez, M. L., y Pereira Domínguez, C. (2009). ⌜La publicidad de los juguetes. Una reflexión sobre sus contravalores y sobre el fomento de la desigualdad de género⌟, en Sahuguillo, P. (ed.). *Educación, género y políticas de igualdad*. Valencia: Universidad de Valencia. ⟨https://rpd.unibo.it/article/

viewFile/1703/1076⟩.

42. Nieto, J. A. (2003). *Antropología de la sexualidad y diversidad cultural.* Madrid: Talasa Ediciones.

43. McGinn, K.; Long Lingo, E., y Ruiz Castro, M. (2015). ⌜Mums the Word! Cross-national Effects of Maternal Employment on Gender Inequalities at Work and at Home⌟, *Harvard Business School Working Paper,* n.º 15~094. ⟨https://dash.harvard.edu/bitstream/handle/1/16727933/15-094%20(2). pdf?sequence=4⟩.

44. Amin, A., y Chandra-Mouli, V. (2014). ⌜Empowering adolescent girls: developing egalitarian gender norms and relations to end violence⌟, *Reproductive Health,* vol. 11, n.º 1, p. 75. ⟨https://www.ncbi.nlm.nih.gov/pmc/ articles/PMC4216358/⟩.

45. Bengoechea, M. (2003). *Guía para la revisión del lenguaje desde una perspectiva de género.* Vizcaya Diputación Foral de Vizcaya. ⟨http://www.bizkaia.eus/home2/Archivos/DPTO1/Noticias/Pdf/ Lenguaje%20Gu%C3%ADa%20lenguaje%20no%20sexista%20castellano.pd f?hash=f095fb31dd7d2f3a723853e648cbb722⟩.

46. 국제구호기구.

47. Leff, S.; Waasdorp, T.; Paskewich, B.; Gullan, R.; Jawad, A.; MacEvoy, J.; Feinberg, B., y Power, T. (2010). ⌜The Preventing Relational Aggression in Schools Everyday Program: A Preliminary Evaluation of Acceptability and Impact⌟, *School Psychology Review,* vol. 39, n.º 4, pp. 569~587. ⟨https://www. ncbi.nlm.nih.gov/pmc/articles/PMC3113534/⟩.

48. Amin, A., y Chandra-Mouli, V. (2014). ⌜Empowering adolescent girls: developing egalitarian gender norms and relations to end violence⌟, *Reproductive Health,* vol. 11, n.º 1, p. 75. ⟨https://www.ncbi.nlm.nih.gov/pmc/ articles/PMC4216358/⟩.

49. Gil Gómez, L., y Pérez Asperilla, E. (2012). *Publicidad, estereotipos y roles de juego desde una perspectiva de género* (trabajo de fin de máster). Madrid: Universidad Complutense de Madrid. 〈http://eprints.ucm.es/ 16605/〉.

50. Lagarde, M. (2000). *Claves feministas para la autoestima de las mujeres.* Madrid: Horas y Horas.

51. Robinson, K. (2009). *El Elemento: descubrir tu pasión lo cambia todo.* Barcelona: Grijalbo.

52. 콜롬비아 가족복지연구소(ICBF), 국제이주기구(OIM), 국제연합 아동기금 (Unicef).

53. Badinter, E. (1981). *¿Existe el amor maternal?* Barcelona: Paidós Ibérica.

54. *Jot Down,* 17 de julio de 2017.

55. Subirats Martori, M., y Tomé, A. (2007). *Balones fuera. Reconstruir los espacios desde la coeducación.* Barcelona: Octaedro.

56. Moreno, M. (2000). *Cómo se enseña a ser niña: el sexismo en la escuela.* Barcelona: Icaria.

57. Subirats Martori, M., y Tomé, A. (2007). *Balones fuera. Reconstruir los espacios desde la coeducación.* Barcelona: Octaedro.

58. Lagarde, M. (2012). *Mujeres cuidadoras: entre la obligación y la satisfacción.* Coordinadora Feminista. 〈http://www.feministas.org/mujeres-cuidadoras-entre-la.html〉.

59. Barbijaputa. (2015). 「Guía para detectar neomachistas」, *eldiario.es.* 〈http://www.eldiario.es/zonacritica/Guia-detectar-neomachistas_6_436816359.html〉.

60. De Miguel, A. (2015). *Neoliberalismo sexual: El mito de la libre elección.* Madrid: Cátedra.

61. 안달루시아연합, 여성연구소.

62. Nieto, J. A. (2003). *Antropología de la sexualidad y diversidad cultural.* Madrid: Talasa Ediciones.

63. Varela, N. (2013). *Feminismo para principiantes.* Barcelona: Zeta Bolsillo.

64. Sanchís, R. (2006). *¿Todo por amor? Una experiencia educativa contra la violencia a la mujer.* Barcelona: Octaedro.

65. Rosario Sánchez, R. (2017). 「Sexo sin deseo」, *Tribuna Feminista.* 〈http://www.tribunafeminista.org/2017/07/sexo-sin-deseo/〉.

66. ABC, (2017). *Un juez no aprecia abuso sexual a una niña de 5 años "porque no opuso resistencia".* 〈http://www.abc.es/sociedad/abci-juez-no-aprecia-violencia-abuso-sexual-nina-5-anos-porque-no-opusoresistencia-201703171239_noticia.html〉.

67. Huertas, Y., (2017). *Rebajan la pena a los presuntos violadores de una joven granadina porque su embriaguez era "moderada".* Ideal. 〈http://www.ideal.es/granada/flashes-habitacion-20171119000417-ntvo.html〉.

68. 출처: 마드리드 공동체 공중보건.

공주는 왜 페미니스트가 되었을까?

1판 1쇄 발행일 2019년 9월 9일

글 이리아 마라뇬 옮긴이 김유경 펴낸곳 (주)도서출판 북멘토 펴낸이 김태완
편집장 이미숙 편집 김민정, 김정숙, 송예슬 디자인 안상준 마케팅 이용구, 민지원
출판등록 제6-800호(2006. 6. 13.)
주소 03990 서울시 마포구 월드컵북로 6길 69(연남동 567-11), IK빌딩 3층
전화 02-332-4885 팩스 02-332-4875 이메일 bookmentorbooks@hanmail.net
페이스북 https://facebook.com/bookmentorbooks

ISBN 978-89-6319-323-6 03330

이 도서의 국립중앙도서관 출판예정도서목록(CIP)은 서지정보유통지원시스템 홈페이지(http://
seoji.nl.go.kr)와 국가자료공동목록시스템(http://www.nl.go.kr/kolisnet)에서 이용하실 수 있습
니다. (CIP제어번호: CIP2019032326)